입학사정관이
꼭 읽고 싶은
특목고, 자사고
자기소개서

북오션은 책에 관한 아이디어와 원고를 설레는 마음으로 기다리고 있습니다. 책으로 만들고 싶은 아이디어가 있는 분은 이메일(bookrose@naver.com)로 간단한 개요와 취지, 연락처 등을 보내주세요. 머뭇거리지 말고 문을 두드리세요. 길이 열릴 것입니다.

입학사정관이 꼭 읽고 싶은

특목고, 자사고 자기소개서

초 판 1쇄 발행 | 2015년 7월 25일
개정판 1쇄 발행 | 2015년 12월 30일

지은이 | 신동엽
펴낸이 | 박영욱
펴낸곳 | 북오션에듀월드

편집 | 권희중 · 이동원
마케팅 | 최석진 · 임동건
표지디자인 | 서정희 · 심재원
본문디자인 | 조진일
세무자문 | 세무법인 한울 대표 세무사 정석길(02-6220-6100)

주 소 | 서울시 마포구 서교동 468-2
이메일 | bookrose@naver.com
페이스북 | facebook.com/bookocean21
블로그 | blog.naver.com/bookocean
전 화 | 편집문의 : 02-325-9172 영업문의 : 02-322-6709
팩 스 | 02-3143-3964

출판신고번호 | 제2015-000126호

ISBN 978-89-6799-242-2 (43370)

입학사정관이
꼭 읽고 싶은
특목고, 자사고
자기소개서

신동엽 지음

북오션
에듀월드

3장

영역별 알차게 자기소개서 채우는 비법

4장

불합격하는 자기소개서

5장

합격으로 가는 자기소개서 쓰기

6장

2015 합격생 자기소개서 사례

입시 정책은 자주 바뀌지만
절대 변하지 않는 합격의 비밀은 있다

10여 년간 입시를 지도해오면서 해마다 눈에 밟히는 게 있다. 합격한 학생의 웃는 모습이 아닌, 불합격한 학생의 절망하는 모습이다. 학생을 지도한 선생으로서 참 안타깝다. 불합격한 학생들을 보면서 '이렇게 훌륭한 학생이 왜 떨어졌을까' 하고 의구심이 드는 경우도 있다. 하지만 대개는 떨어질 만한 이유가 있었다. 미안하지만 사실이다. 그 이유를 살펴보면 다음과 같다.

첫째, 입시에 대한 정보 부족이다. 입시 요강은 매해 변한다. 하지만 엄마들은 자신의 멘토인 옆집 엄마, 특히 자녀를 이미 특목고·자사고나 명문대에 입학시킨 옆집 엄마의 말에 귀를 세운다. 이해 못할 바 아니다. 하지만 자녀가 특목고·자사고에 입학했다면 그 순간 기쁨 반, 걱정 반에 관심사는 새 학교에 자녀가 잘 적응할지일 뿐이다. 즉 그해 입시에서는 그 엄마가 최고 전문가겠지만 그

다음 해에 바뀔 새 입시 정책에는 전혀 관심이 없다는 뜻이다. 그러므로 옆집 엄마의 철 지난 정보는 어쩌면 가장 무서운 독이 될 수도 있음을 명심해야 한다.

둘째, 준비 기간이 짧다는 것이다. 2014년부터 학교생활기록부가 가장 중요한 요소로 떠오르고 있고, 자기소개서도 학교생활기록부에 있는 내용 위주로 쓰라고 강조한다. 그런데 입시를 겨우 몇 개월 앞두고 준비를 시작하면 자기소개서에 쓸 만한 내용이 충분할까? 당연히 아니다. 지난 1, 2학년 때의 학교생활기록부를 고칠 수도 없을뿐더러, 그렇게 조급한 상황에서는 3학년 학교생활기록부도 풍부하게 채울 수 없을 게 뻔하다. 이러니 대부분 학생들이 자기소개서에 쓸 만한 내용이 없다고 난리를 치다가 결국 교외활동을 쓰거나 기재 금지사항인 경시대회 공부 내용 등을 우회적으로 쓰고 만다. 하지만 노골적으로 쓰는 것은 물론이고 우회적으로 쓰는 것도 금지라는 사실을 깨달았을 때는 너무 늦다.

2014년 외대부고 입시에서 강남권과 분당의 합격생이 절반 가까이 줄어든 것은 이런 기재 금지사항의 영향을 받았기 때문이다. 나아가 서울대 입시에서도 기재 금지사항을 기술하면 서류평가에서 제외된다는 사실에 주목해야 한다.

그렇다면 어떻게 해야 할까? 특목고·자사고는 물론이고 명문대 입시부터 미리 준비해야 한다. 핵심은 나의 뛰어난 학업 능력을 어떻게 드러내느냐다. 3년간 자신의 목표를 위해 얼마나 성실히 달려왔

느지, 목표에 맞는 학업과 교과활동을 해왔는지, 융합형 인재로서 얼마나 다양한 활동을 했는지 등을 학교생활기록부와 자기소개서에에 담는 것. 이것이 합격으로 가는 유일하고도 가장 빠른 길이다.

서울대학교 수시 학생부종합전형에는 학교생활기록부, 자기소개서, 추천서 외에 학교 소개자료School profile라는 것을 제출해야 한다. 개인의 외부 활동은 억제하고 학교교육 내용을 더 많이 활용하겠다는 교육부 입시 정책 방향이 여기서 드러난다. 고등학생이라면 자신이 다니는 학교 프로그램에 적극 참여함은 물론이고, 수시 합격률이 높은 다른 학교의 우수한 프로그램을 참고하여 자율동아리나 개인 탐구 활동을 통해 수행하는 것도 좋은 방법이다.

중학생은 자신이 목표로 삼은 특목고·자사고의 프로그램을 면밀히 살피고 중학생의 눈높이에 맞게 다양한 학업 활동을 시도해본다면 입학사정관으로부터 긍정적 평가를 받을 것이다. 합격으로 가는 자기소개서를 쓰기 위해서는 이렇게 1학년부터 차곡차곡 자신의 진로와 긴밀하게 연관되는 활동들을 쌓아가는 수밖에 없다.

자기소개서가 입시에 중요한 영향을 끼치는 만큼 이 책이 입시를 준비하는 모든 학생에게 큰 도움이 되기를 바란다. 이 책에서 설명하는 내용을 숙지하고 방법론을 자기 것으로 만들고 이를 바탕으로 자기소개서를 쓴다면 100퍼센트 합격의 꿈을 이룰 수 있다고 확신한다.

다시 입시의 계절이 다가온다. 올해는 지도하는 학생들이 모두 환하게 웃는 모습을 볼 수 있기를 기도해본다.

1장

자기소개서,
어떻게
써야 할까

01

자기소개서는
자기를 소개하는 글이 아니다

　다시 특목고의 시대가 열리면서 전국의 많은 학생들이 특목고 입시에 열을 올리고 있다. 그런데 대부분 학생들은 자기소개서를 쓰기 시작하자마자 벽에 부딪힌다. 자기소개서가 무엇인지 제대로 알지 못한 채 무작정 쓰려다 보니 갈피를 잡지 못하고 우왕좌왕하는 것이다. 이러한 실수는 보통 자기소개서를 글자 그대로 해석하는 데서부터 시작한다.

　결론부터 말하면 자기소개서는 '자기를 소개하는 글'이 아니다. 입학사정관에게 자신이 진로와 꿈을 향해 어떤 활동을 했는지, 학교에 입학 후 공부할 만한 역량을 갖추고 있는지를 객관적인 활동을 바탕으로 말해주는 글이다. 즉 이 학교에서 원하는 인재상에 적합한 학생이 바로 나라는 것을 주장하는 글이다.

02 학교가 진짜 원하는 것은 학습 능력이다

학교 관계자는 학생 선발 기준을 "자신만의 차별화된 이미지와 브랜드"라고 설명회 때마다 말하지만 머릿속으로는 '공부를 얼마나 잘하나?'가 제일 궁금할 뿐이다. 결론은 자신만의 차별화된 공부다. 누구나 생각할 법한 내신 공부법을 쓰거나, 얼마나 본인이 이 학교에 가고 싶은지 열정과 열망을 드러낸다거나, 앞으로의 원대한 포부와 계획 등은 학교에서 원하는 내용이 아니다. 학교는 이 학생이 다른 학생과 차별화된 공부를 얼마나 깊이 있게 했느냐를 구체적인 근거를 통해서 알고 싶어 한다. 수백 장의 자기소개서 사이에서 내 것을 돋보이게 할 방법을 고민해야 한다.

03 입시에서 자기소개서는 어떤 역할을 할까?

입학사정관이 읽는 자기소개서는 학생의 첫인상을 좌우하면서 면접 질문까지 뽑아내는 결정적인 역할을 한다. 우수한 학업 능력을 스스로 어필할 수 있는 서류라는 것을 잊지 말고 다른 사람과 차별화된 공부법이 드러나면서 '이 학생을 만나봐야겠다'라는 마음이 들 수 있는 내용으로 구성해야 한다.

1 객관적인 근거를 바탕으로 뛰어난 학업 능력을 드러내야 한다. 느낀 점이나 추상적인 내용은 구체적인 근거가 없기 때문에 입학사정관이 믿지 않는다. 학교생활기록부에 기록된 활동 중심으로 있었던 일을 객관적인 사실 위주로 기록하고 마지막에 그것이 지니는 의미를 간략하고 인상 깊게 보여주면 된다.

2 입학사정관을 유혹하는 기술이 필요하다. 수많은 학생의 서류를 보지만 그중에서 눈여겨보고 싶은 학생이 있을 것이다. 그런 학생

은 서류 단계에서 이미 결정된다.

3 진정성이 중요하다. 무엇을 위한 공부이며 활동인지를 명확하게 밝혀야 한다. 학생의 활동이 '우수하지만 수동적'인 경우도 있고 '우수하고 능동적'인 경우도 있을 것이다. 수동적인 '무임승차' 활동이었는지 주도적으로 이끌었는지 알 수 있는 중요한 힌트가 바로 계기다. 그것이 입학사정관의 고개를 끄덕이게 한다면 진정성을 얻는 것이다.

4 이 진로를 선택한 이유가 무엇인가, 우리 학교에 입학해서는 어떤 활동을 할 계획인가, 가장 존경하는 사람이 누구인가 등의 면접 질문이라고 가정할 때, 누구나 떠올릴 수 있는 질문에 일상적인 답변을 한다면 학업적 우수성을 어필할 수 없다. 가령 자기소개서에 환율에 대해 공부한 내용을 작성했다면 "환율 변화, 즉 평가절상과 평가절하가 기업 수익에 미치는 영향(자기소개서 내용)에 대해 구체적으로 말해보아라. 요즘 미국 달러화가 강세인데 우리나라가 어떻게 대응해야 하는지?" 등의 질문을 받기 쉽고 이에 우수하게 답변한다면 학업적 우수성을 면접에서도 보여줄 수 있다. 이처럼 잘 쓴 자기소개서는 면접에서 어려운 질문을 받게 하는데 이때 훌륭한 답변을 한다면 합격 가능성이 높아질 수밖에 없다.

04 자기소개서 작성 시 딜레마

| 모든 학교의 자기소개서 문항이 동일하다

같은 학교를 지원하고 진로가 같은 A학생과 B학생이 있다고 가정하자. 이 둘의 지원동기와 학습계획, 진로계획이 비슷하지 않을까? 당연히 그렇다. 입학하고자 하는 학교의 인재상, 건학이념, 학교 커리큘럼이 같을 테니까 말이다. 여기서 다른 이들과 차별화할 수 있는 방법이 무엇인지 생각해보아야 한다. 동기나 계획이라는 것이 모두 '현재의 나'에 바탕을 두어야 한다.

| 띄어쓰기를 제외하고 1500자로 변경된다

시작할 때는 막막하지만 막상 쓰다 보면 너무나 적은 분량이라고 느낄 것이다. 띄어쓰기를 포함하지 않으면 A4용지를 끝까지 채울 수도 없다. 현재 띄어쓰기를 포함하지 않고 1500자이기 때문에 늘어난 분

16

량을 모두 우수한 학업 능력을 나타내는 데 이용해야 한다. 그렇다 해도 A4용지 한 장을 넘기지는 않는다. 무엇을 선택할지 전략적으로 계획을 세워야 한다.

| 중학교 3년간 학교, 학원, 집을 뺑뺑이 돌아 이렇다 할 활동이 없다면?

가장 큰 문제다. 내신을 대비한 공부법에 대해 쓸 수도 없고 진로와 학업을 위해서 어떤 활동을 했는지 써야 하는데 학교와 학원, 집만 오갔다면 쓸거리가 없다. 그렇다면 지금이라도 만들어야 한다. 물론 KMO 등 경시와 관련된 사항은 절대 쓸 수 없으며, 학원에서 지나치게 앞서 한 선행학습 내용 또한 선행학습 금지법으로 인해 작성해서는 안 된다. 가장 좋은 방법은 교내 동아리 활동을 이용하는 방법이다. (자세한 내용은 5장에서 이야기할 것이다.)

| 개성을 드러내는 방법에 대한 고민

❶ 다른 사람과 나를 차별화하려면 내신 공부법을 써서는 안 된다. 내신 공부법이야말로 모두 거기서 거기다. 시험 공부에 특별한 방법이 있을까?

❷ 학생 개개인의 아주 사소한 특징이라도 반드시 찾아주어야 한다. 같은 동아리 활동을 했어도 동아리 학생들이 전부 같은 내용을 쓸 수는 없지 않을까? 활동 위주의 동아리라면 대부분 특목고를 지원하는 학생들일 텐데 말이다. 동아리 안에서도 개별적인 활동

이 반드시 필요하다.

❸ 단 하나의 포인트를 잡아서 쓰도록 한다. 즉 활동을 단순히 나열하는 것은 절대 금물이다. 물론 활동이 아주 많고 우수할 경우 마지막에 덧붙이는 형식으로 활동들을 나열할 수는 있지만 자기소개서 전체를 나열로 채우면 진정성이 떨어진다.

| 학생 – 부모님 – 선생님 – 입학사정관, 누구의 시점으로 볼 것인가

많은 부모님과 학생들이 '자기소개서는 학생답게 쓰는 것이 맞지 않나' 하고 생각한다. 그런데 학생다움이 무엇일까? 과연 자기소개서에 학생다움이 필요한가? 그것부터 생각해보아야 한다. 입학사정관이 원하는 것이 과연 '얼마나 학생다운가'일까?

그렇지 않다. 입학사정관들은 심지어 설명회 때 본인이 쓴 자기소개서를 어른들(부모님, 선생님 등)께 반드시 보여주고 첨삭받으라고까지 조언한다. 왜냐하면 학생이 중요하고 의미 있다고 생각한 것도 어른의 시선으로 볼 때는 큰 의미가 없는 활동일 수 있기 때문이다. 중요한 것은 학생답다, 학생답지 않다가 아니다. 얼마나 우수한 학생인지가 포인트다. 그것이 진짜인지 가짜인지는 면접 때 판단하면 되는 문제다.

2장

자기소개서를 쓸 때
꼭 기억해야 하는
14가지

01

한시도 자기소개서의 목적을 잊지 마라

글은 세 종류로 나눌 수 있다. 정서를 전달하는 글, 설명하는 글, 설득하는 글이 그것이다. 정서를 전달하는 글을 우리는 '문학'이라 부른다. 뒤의 두 가지는 자연히 '비문학'이라고 한다. 문학의 목적은 소설이든 수필이든 같다. 작가와 독자가 정서를 나누는 것이다. 비문학은 어떨까. 설명하는 글은 어떤 문제에 관해 독자들이 잘 이해할 수 있도록 쉽게 쓴다. 그래서 설명문의 가장 큰 특성이 '평이성'이다. 반면 설득하는 글은 독자를 설득해서 작가의 편으로 만드는 게 목적이다. 그래서 작가는 자신의 '주장'을 뒷받침할 '근거'를 내세워 독자들을 납득시킨다.

자기소개서는 이 세 가지 글 중 어디에 해당할까? 정서를 전달하는 글일까, 설명하는 글일까, 설득하는 글일까? 대부분의 글은 세 가지 목적 중에 딱 하나만 취하지 않는다. 하나의 글이 둘, 많게는 세

가지 목적을 갖는 경우도 부지기수다. 하지만 어느 글이든 가장 핵심적이고 궁극적인 목적이 있다. 정서를 전달하든, 설명을 하든, 설득을 하든지 간에 글을 쓴 핵심 목표, 이유가 있다. 지금쯤 이 책을 읽는 학생들은 대충 예상했을 것이다. 자기소개서는 감정을 전달하는 글도 설명하는 글도 아닌, 설득하는 글이다.

자기소개서의 목적은 '설득'이다. 내가 얼마나 학업 성취가 뛰어난 인재인지, 얼마나 크게 발전할 가능성이 있는지, 얼마나 자기주도적인지, 얼마나 성공해서 나중에 이 학교를 빛낼 수 있는지 입학사정관을 설득하여 나를 뽑고 싶도록 유혹하는 글이 자기소개서다. 이것이 이 책 전체에서 가장 중요한 부분이다. 다시 한 번 이야기하겠다. 자기소개서는 설득하는 글이다. 이것만 확실하게 알아두어도 자기소개서를 쓸 때 저지르는 실수의 90퍼센트는 줄일 수 있다.

자기소개서는 감상문이 아니다. 설득하는 과정에서 자신의 감상이 약간 들어갈 수는 있지만 자신의 느낌을 전달하는 것이 주된 목적은 아니다. 또한 자기소개서는 보고서가 아니다. 학업 성취를 어필하기 위해 그 과정을 설명할 수는 있다. 그렇다고 해도 공부한 내용을 자세하게 설명하는 것이 핵심은 아니다. 자기소개서는 수필도 아니다. 자신이 겪은 일을 진솔하게 적어야 하지만 '경험을 통해 깨달은 교훈'이 주제가 될 수는 없다.

다시 한 번 강조한다. 자기소개서는 문학도, 설명하는 글도 아닌, 설득하는 글이다.

02

내가 원하는 것이 아닌
상대가 원하는 것을 제시하라

거듭 말하지만 자기소개서는 설득하는 글이다. 그러므로 잘 쓴 자기소개서란 자기를 잘 소개한 글이 아니라 자기를 뽑도록 잘 설득한 글이다. 그렇다면 어떻게 해야 설득에 성공할 수 있을까? '설득하다'를 '주장하다'라고 달리 표현하면 더 쉽게 감을 잡을 수 있을 것이다. 주장에 꼭 필요한 것은 뭐? 바로 '근거'다. 주장과 근거는 바늘과 실 같은 존재다. 주장에 근거가 없다면? 그것은 주장도, 설득도 아니다. 그냥 생떼일 뿐이다.

자기소개서를 통해 누군가를 설득하는 과정은 협상과 비슷하다. 협상에 성공하면 상대는 내가 원하는 것(합격)을 줄 수 있다. 나는 그것을 간절히 원한다. 그런데 이 상황에서 내가 얼마나 간절히 원하는지만 반복하여 강조하는 것은 잘못된 전략이다. 그건 전략이라고도 할 수 없는 징징거림일 뿐이다. 이 협상에서 성공하려면 상대가 원하는 것이 무엇인지 파악하고 그것을 제시해야 한다. 내가 상대가 원하는 것을 내놓을 수 있다는 사실을 증명해야 한다는 것이다. 그렇다면 상대, 즉 학교가 원하는 것은 무엇일까?

03
학교가 원하는 학생은 학업 능력이 우수한 학생이다

| '갑'이 무엇을 원하는지 판단하라

설득의 기본은 상대방의 요구를 파악하고 그것을 제시하는 것이다. 이 책을 읽는 독자들이 원하는 학교에 합격할 수 있는 가장 정확하고도 쉬운 방법은 바로 이것이다.

학교가 꼭 여러분을 뽑아야만 하는 이유 따위는 없다. 독자 여러분이 학교를 쇼핑한다고 생각해선 안 된다. 실상은 학교가 여러분을 선택하는 것이다. 선발 과정에서는 불행히도 학교가 '갑'이고 여러분이 '을'이다. 을은 갑에게 맞춰야 한다. 그래야 갑은 을이 원하는 것을 하사할 테니까.

그러면 학교가 원하는 것은 무엇일지 학교의 입장에서 생각해보자. 특목고 입시에서는 학생을 뽑는 선발권이 학교에 있으므로 특목고가 갑의 위치를 차지한다. 하지만 대입에서는 반대로 특목고가 을

이다. 특목고들은 저마다 무한경쟁을 하며 경쟁 학교보다 더 뛰어난 명문고가 되고자 노력한다. 그리고 그러한 노력의 결과를 일 년에 한 번 평가받는데, 그 통지표가 바로 대입 결과다.

┃ 자신이 얼마나 우수한 학생인지 주장하라

학교는 깁의 처지일 때 을이 될 순간을 내비해야 한다. 을이 되면 다른 을들과 경쟁하여 대학이라는 갑의 선택을 받을 수 있도록 싸워야 하기 때문이다. 그 전쟁에서 승리하려면 무기를 갈고 닦는 것도 중요하지만 애초에 훌륭한 무기를 확보하는 것이 더 중요한데, 그 무기란 예상하다시피 바로 여러분이다.

그렇다면 학교가 원하는 섯은? 물론 경쟁 학교보다 더 좋은 입시 실적을 내는 것이다. 더 좋은 입시 실적을 내려면? 우수한 학생들이 입학해야 한다. 좋은 입시 실적을 낼 수 있는 우수한 학생이란? 매우 당연하게도 결론은 '학업 능력이 우수한 학생'이다.

학교 입장에서 '우수한 학생'은 곧 '학업 능력이 우수한 학생'이다. 원하는 학교에 합격하는 것이 여러분의 열망이라면, '학업 능력이 우수한 학생'을 데려오는 것이 학교가 원하는 바다. 학교는 좋은 입시 실적을 낼 수 있는, 학업 능력이 우수한 학생을 원한다. '인성'은 그 다음 문제다. 즉 여러분은 자기소개서라는 '설득하는 글'에서 자신이 얼마나 '학업 능력이 우수한지를 주장'해야 한다.

04

지금보다 미래에
더 빛날 가능성을 강조하라

　또 한 가지 자기소개서를 통해 강조해야 할 부분은 발전 가능성이다. 냉정하게 말하면 중학교 시절엔 학생들의 학업 능력에 큰 차이가 생기기 어렵다. 물론 시간이 흐르고 노력의 결과가 쌓이면 격차가 벌어질 것이다. 하지만 성인의 눈에는 이제 겨우 15~16년 살아왔을 뿐이니 그 시간이 큰 격차를 만들 만하다고 보이지는 않는다. 실제로 특목고나 대학 입시를 준비하는 학생들은 학업 능력의 우수성이 한눈에 보일 정도로 확연히 드러나는 경우가 많지 않다.

　그렇기 때문에 경쟁하는 학생들보다 더 뛰어나고 우수한 '무기'로 어필하려면 발전 가능성을 놓쳐선 안 된다. 즉 현재 여러분의 위치와 성과, 업적을 잘 전달하는 것도 중요하지만 지금보다 미래에 여러분이 더 찬란히 빛날 것이라는 가능성을 강조할 필요가 있다.

05 문제 해결력을 통해 발전 가능성과 학습 능력을 어필하라

사실 학업 능력의 우수성과 발전 가능성을 글로써 증명하는 것은 말처럼 쉽지 않다. 그 사실을 필자 또한 내우 잘 알고 있다. 뒤에서노 언급하겠지만 현재 입시제도처럼 이른바 '스펙'을 구체적으로 적을 수 없는 상황에서라면 더욱 그러하다. 그렇기 때문에 우리는 발전하고 있는 모습, 발전하는 과정을 제시하여 발전 가능성을 보여주어야 한다. 여기서 발전 가능성은 다른 부분이 아닌, 반드시 학업 측면에서 발전하는 모습이어야만 학업 능력 우수성까지 동시에 어필할 수 있다.

정리하자면 학업적으로 발전하는 모습을 통해서 발전 가능성과 학업 능력의 우수성을 동시에 어필해야 한다는 것인데, 이는 결국 '문제 해결력'으로 귀결될 수밖에 없다. 학업에 문제가 생겼을 때 그 과정을 얼마나 명민하게 헤쳐 나가는지, 그 과정을 설명함으로써 뛰어난 문제 해결력을 갖추고 있음을 드러내야 한다. 이를 통해 현재 학업 능력의 우수성을 드러내고 또한 미래에는 더욱 발전하리라는 것을 암시해야 한다.

자기소개서를 나무로 비유하자면 문제 상황을 잘 극복해낸 여러분의 문제 해결력이 바로 뿌리에 해당한다. 직접적으로 문제 해결력을 언급하진 않더라도 마찬가지다. 발전 가능성을 어필할 때도, 학업적 우수성을 드러낼 때도, 심지어 인성적인 면을 보여줄 때조차 모두 그 안에 문제 해결력이 잠재하여 끊임없이 입학사정관에게 어필할 수 있어야 한다.

대학이나 고등학교에 진학한 다음에는 고등학교, 중학교 시절과는 비교할 수 없이 많은 난관에 부딪히게 된다. 모든 과목은 훨씬 어려워지고 암기해야 할 내용도 많으며 기본적으로 갖추어야 할 배경 지식은 깊고 넓어진다. 도중에 포기하지 않고 빠듯한 시간 안에 끊임없이 튀어나오는 장애물을 잘 뛰어넘는 능력은 고등학교, 중학교 시절의 내신 점수보다 훨씬 더 의미 있다.

그러므로 과학실험을 소재로 자기소개서를 쓰면서 실험 내용만을 줄줄이 나열하거나, 독서를 소재로 우수성을 표현한다면서 책의 줄거리만 정리하거나, 기재 금지사항이기도 한 스펙 자랑만 늘어놓는 것은 아무 소용이 없다. 그런 내용은 자신을 우수해 보이게 만들지도 않을뿐더러 입학사정관이 궁금해하지도 않는다.

자기소개서에 서술해야 하는 내용은 실험을 어떻게 구상했으며 아이디어는 어디에서 얻었는지, 무엇이 궁금해서 책을 찾아보게 되었으며 책을 통해 얻은 지식을 어떻게 이용했는지, 스펙을 성취하기 위한 과정에서 생긴 문제를 어떻게 극복했는지 하는 내용들이다. 정리하자면 '무엇'을 극복했는지에 초점을 맞추지 말고 '어떻게' 극복했는지에 중점을 두라는 뜻이다.

06 드라마처럼 결론보다 중간을 재미있게 써라

　드라마는 마지막 회가 가장 재미없다. 이는 불변의 진리다. 물론 마지막 회 시청률이 제일 높은 경우도 있다. 하지만 그건 마지막 회가 제일 재미있어서가 아니라, 드라마가 방영되면서 화제를 모으고 인기가 높아졌기 때문에, 그 관심이 반영된 것으로 보는 편이 더 정확하다. 극적인 재미란 갈등 상황, 그중에서도 갈등이 최고조일 때 생긴다. 그런데도 갈등이 해결되어 재미가 덜한 모습을 굳이 보여주는 이유는 뭘까. 그건 극이 끝났다는 사인을 보내는 것일 뿐이다. 마지막 회가 재미있어봐야 드라마의 성공에 무슨 의미가 있나?

　자기소개서도 마찬가지다. 여러분은 입학사정관이 여러분을 뽑고 싶도록 설득하고 유혹해야 한다. 그러기 위해서는 발전 가능성이 높고 학업 능력이 뛰어나다는 것을 뛰어난 문제 해결력을 통해 드러내야 한다. 그래서 우린 드라마 작가처럼 '결과'가 아니라 '과정'에 집중해야 한다. 과정에 집중해야 여러분이 얼마나 문제에 슬기롭게 대처했고 자기주도적으로 노력했는지를 자기소개서에 담을 수 있다.

입학사정관들은 여러분이 문제에 직면했을 때 어떻게 대처했는지가 궁금하고 그 부분을 통해 여러분을 파악하기 위해 날카롭게 바라볼 것이다. 그들이 자기소개서를 보면서 가장 관심을 기울이는 부분은 '그래서 결국 그 과목을 얼마나 잘하게 되었는지' 보여주는 '결과'가 아니라 '그래서 문제에 어떻게 대처하고 노력했는지'가 드러난 '과정'이다. 즉 과정이 가장 흥미로운 부분이고, 가장 인기 있는 장면인 것이다.

인기 있는 드라마는 결말이 아니라 그 결말로 나아가는 과정이 재미있다. 해피엔딩이든 새드엔딩이든 결말은 드라마의 재미와 상관이 없다. 드라마의 재미는 드라마가 진행되면서 갈등이 얼마나 설득력 있게 전개되는지에 달려 있다. 한 편의 드라마는 첫 회에 잠깐 인물 소개를 하고, 중간에 남녀 주인공이 얽히고설키는 사건을 보여주는 데 대부분의 시간을 할애한다. 거기에 시청자들이 재미를 느끼면 시청률이 오르고, 결국 모든 오해가 풀리고 남녀 주인공의 사랑이 이루어지는 장면은 마지막 회, 마지막 10분 동안만 전파를 탄다. 시청자가 재미를 느끼는 부분에 더 많은 시간을 할당하는 것이다.

자기소개서를 쓸 때도 마찬가지다. 문제 상황을 간단히 소개한 다음, 그 문제를 해결하기 위해 어떤 방법으로 어떤 노력을 했는지, 그 과정에 대한 설명이 대부분을 차지해야 한다. 그로 인한 결론, 즉 문제를 해결하고 난 다음의 상태는 마지막 한 줄이면 족하다.

07

단순한 나열보다는
스토리가 있는 글에 신뢰가 간다

　여기서 하나의 문제에 부딪힌다. 여러분은 자신의 학업 능력이 얼마나 우수하고 미래가 창창한지를 드러내기 위해 약간, 혹은 새빨간 거짓말을 할 수 있다. 학교 역시 여러분이 자기소개서가 아닌 '자기소설서'를 써 올 수 있다는 점을 알고 있다. 그렇기에 여러분들이 쓴 자기소개서를 읽으면서 의심의 눈초리를 거두지 않을 것이고, 조금이라도 의심이 생기면 면접에서 그 부분에 대해 집요하게 질문을 퍼부을 것이다.

　학교가 어차피 내 자기소개서를 신뢰하지 않는다면 대충 써도 되는 걸까? 당연히 그건 아니다. 그럴수록 학교가 나의 자기소개서를 믿을 수 있도록 신빙성을 담으려고 노력해야 한다. 자기소개서에 신빙성을 담는 방법은 '나열'하기보다 구체적이고도 개별적인 사례를 제시하는 것이다. 이를 '에피소드'라고 해도 좋을 것이다. 이 방법은 부모님께 거짓말하는 요령과도 통한다. 부모님 몰래 학원을 빼먹고 친구들과 놀이공원에 갔다고 치자. 나를 의심하는 부모님께 어떻게 사실을 숨기고 거짓말을 해야 할까?

"학원에 가서 정석도 풀고 개념원리도 풀고 문제집도 풀고 교과서도 정리했어요. 정말이에요."

"오늘 학원 쉬는 시간에 간식 먹으려고 편의점에 갔는데 어떤 애가 편의점 문에 손이 끼어서 119가 출동하고 난리였어요. 안 그래도 그 유리문이 위험해 보였는데, 앞으로 문 열고 닫을 때 조심해야겠어요."

위의 두 문장을 두고 곰곰이 생각해보자. 내가 부모님이라면 첫 번째 대답과 두 번째 대답 중에 어느 쪽을 믿을 것 같은가? 어느 쪽이 더 '우리 아이가 학원에서 오는 길이었구나' 하고 믿을 만할 것 같은가? 답은 굳이 말하지 않아도 눈치챘을 것이다. 이것이 바로 스토리의 힘이다. 주장하고 싶은 말을 단순 나열하지 마라. 에피소드를 제시하여 우회적으로 말하라. 그 편이 훨씬 설득력이 있다.

08

판단은 쓰는 사람이 아니라 읽는 사람이 하도록 하라

소설에서 인물의 성격을 보여주는 방법으로 직접 제시와 간접 제시, 두 가지가 있다. 직접 제시는 서술자가 직접 인물의 성격을 결론 짓고 독자인 우리에게 자신의 생각을 그대로 알려주는 것이다.

"놀부는 나쁜 놈이다."

《흥부전》에 저런 문장이 나온다면 그건 서술자가 직접적으로 놀부라는 인물에 대해 설명하는 것이다. 독자는 서술자의 판단을 그대로 따라가게 된다. 이것이 직접 제시다. 이에 반해 간접 제시는 서술자가 자신의 생각을 들려주는 대신 독자가 스스로 판단할 수 있도록 인물의 성격을 드러내는 외양을 묘사하거나 대사를 그대로 전달하고, 사건을 설명하는 기법이다. 독자가 스스로 판단할 기회를 주기 때문에 독자는 사건과 캐릭터에 대해 훨씬 분명히 파악할 수 있다.

어느 한가로운 오후, 놀부가 심술궂은 눈을 번뜩이며 누구에게 심술을 부릴지 고민하고 있었다. 먹잇감을 찾으며 논길을 걸어가는데 대여섯 살 되는 어린아이가 논길 가장자리에서 쭈그리고 앉아 엉덩이를 까고 용변을 보고 있었다. 놀부는 아이에게 다가가서 아이의 어깨를 위에서 지그시 눌렀다.

위는 《흥부전》에 나오는 한 대목이다. 이 글을 읽는 독자라면 이렇게 탄식하게 마련이다. '아, 놀부 이 나쁜 놈.'

글의 어디에도 놀부가 흥부보다 나쁜 놈이라는 설명은 없다. 하지만 우리는 서술자의 백 마디 말로 듣는 것보다 더 확실하게, 놀부가 얼마나 나쁜지 머릿속에 각인하게 된다.

여러분이 자기소개서를 쓰면서 해야 할 일도 바로 이것이다. 여러분이 '나는 성실하다'고, '나는 우수하다'고 아무리 직접 제시를 해봐야 소용없다. 객관적으로 증명하지 않는 이상 아무도 믿지 않기 때문이다. 증명할 수 있는 방법에는 두 가지가 있다. 입증할 수 있는 객관적 자료를 붙이든지, 아니면 읽는 사람이 저절로 여러분의 우수성을 인정할 수밖에 없는 에피소드를 제시하는 것이다. 당연히 후자가 훨씬 설득력이 있고 동시에 경제적인 방법이다.

09

추상어 대신 구체어를 써라

설득에 성공하기 위해 주의해야 할 또 한 가지 중요한 사항은, 추상어를 쓰는 대신 구체어를 써야 한다는 점이다. 물론 추상적인 표현을 전혀 쓰지 않을 수는 없지만 최대한 자제하는 편이 좋다. 추상어는 사랑, 평화, 증오, 기쁨, 성실함, 배려 등과 같이 인간의 오감으로 받아들일 수 없는 온갖 관념들을 가리키는 단어를 말한다. 이런 단어들은 사람에 따라 그 의미, 어감 등을 제각각 다르게 받아들인다. 구체어는 그와 반대라고 생각하면 된다.

추상어를 최대한 배제해야 하는 이유는 문학에서 상징적 표현을 쓰는 이유를 생각하면 이해하기 쉽다. 시인들은 시를 지을 때 무수한 상징법을 쓴다. 왜 직설적으로 표현하지 않고 굳이 상징이라는 방법을 택할까? 그것은 그 어떤 직설적인 표현보다 상징적인 표현 하나가 시의 의도를 더욱 명확하게 드러낼 수 있기 때문이다.

내 마음은 호수요

그대 노 저어 오오

나는 그대의 흰 그림자를 안고 옥같이

그대의 뱃전에 부서지리라

　김동명 시인의 시 〈내 마음은〉 중 한 구절이나. 시의 화자가 '그대'를 무척 아끼고 사랑한다고 느껴진다는 데는 이견이 없을 거라 믿고 넘어가겠다. 그런데 화자가 '그대'를 얼마나 깊이 사랑하는지에 대해서는 사람마다 다르게 받아들일 수 있다. 어떤 사람은 그 어떤 가치보다도 사랑을 중요시하기 때문에 화자가 '그대'를 사랑하는 마음은 그 무엇과도 바꿀 수 없고 영원하며 '그대'는 목숨과도 바꿀 수 있는 존재라고 생각할지도 모른다. 반면 사랑에 냉소적이거나 타인의 감정은 아랑곳하지 않는 사람이라면 화자가 '그대'를 생각하는 마음의 크기와 간절함을 다르게 생각할 것이다.

　시인들은 누구나 비슷한 개념으로 생각하는 구체어를 통해 자신이 표현하고자 하는 감정을 최대한 객관화시킨다. '사랑'은 모든 사람에게 그 의미가 제각각이지만 '호수'라는 단어를 들었을 때 머릿속에 떠오르는 이미지는 거의 비슷하기 때문이다. 시인은 지극히 주관적인 '마음'을 '호수'라는 매개를 통해 객관화하여 시 속에 담는다.

　자기소개서도 똑같다. 학생들은 자기소개서를 쓰면서 시인의 전략을 사용해야 한다. 봉사활동을 통해 나눔과 배려의 가치를 알게 됐다고 단순한 감상을 적는 것은 입학사정관에게 아무런 감동을 주지 못한다. 추상적이기 때문이다. 사람들은 저마다 나눔과 배려를 조금씩 다른 의미로 이해한다. 이러한 단어는 실체가 없다. 다들 '내가 갖고 있는 기준'으로 해석하고 판단하기 때문에 이런 표현은 위험 부담이 매우 크다. 무엇보다도 입증할 수가 없다. 사실 봉사활동을 하고도 아무 깨달음도, 느낌도 얻지 못하는 학생들이 많다. 물론 그렇지 않은 학생들도 있을 테지만 대다수는 학교생활기록부에 올릴 한 줄 기록 때문에 기계적으로 봉사기관에 가서 별 감흥 없이 청소를 하고 돌아온다. 고등학교에서도 이런 현실을 잘 알고 있다. 그 학교에 재학 중인 많은 고교생들 또한 그러하기 때문이다.

봉사활동을 통해 무엇을 느꼈는지 정확히 전달하고 싶다면 나눔과 배려의 정신을 알게 됐다는 식으로 추상적인 진술을 하지 말고, 어떻게 그런 깨달음을 얻었는지, 구체어를 사용하여 에피소드 형식으로 제시하라. 그 편이 훨씬 효과적인 전략이다. 이 전략을 쓴다면 자기소개서가 단순한 감상문이 될 위험도 줄일 수 있다.

10

한 칸 한 칸의 가치를 소중히 여겨라

    1500자를 1500억 원이라고 생각하라. 진심으로 그렇게 생각하고 자기소개서를 써야 한다. 사기소개서가 1500억 원의 가치가 있다는 뜻이 아니다. 그러한 마음가짐으로 자기소개서를 써서 한 칸 한 칸의 가치를 분명하게 인식하라는 의미다.

    문제는 기회비용이다. 경제학에서 기회비용이란 선택지가 여럿 있을 때 그중 하나를 선택한 경우, 포기한 다른 선택지들의 가치 중 가장 큰 가치의 크기를 의미한다. 그러므로 합리적이고 경제적인 선택은 선택지 중 가장 기회비용이 적은 선택지를 택하는 것이다. 용돈을 예로 들어보면 쉽다. 가지고 있는 용돈으로 빵을 사 먹으면 아이스크림을 먹을 수 없다. 아이스크림을 먹으려면 빵을 포기해야 한다. 둘 다 사 먹을 수 없다면 더 기회비용이 적은, 즉 상대적으로 더 먹고 싶고 후회가 남지 않을 간식을 사 먹는 것이 합리적이다.

자기소개서의 글자 수는 한정된 용돈과 같다. 단순한 감상이나 설득력 없는 나열, 쓸데없이 솔직하게 단점을 드러내는 글을 써서는 안 되는 진짜 이유가 바로 이 기회비용 때문이다. 2015년 특목고 입시에서 자기소개서는 1500자라는 글자 수 제한이 있다. 우리에겐 자신의 우수함을 어필할 수 있는 기회가 딱 1500칸뿐인 것이다. 많은 학생들이 극적인 효과를 내기 위해서, 진실한 글을 쓰기 위해서 등의 이유를 대며 그 아까운 칸에 자신의 단점을 쓰기도 한다. 단점을 고백한다고 해서 꼭 극적인 글이 되거나 진실하게 느껴지는 것은 아닐뿐더러 칸을 써버린다는 데 가장 큰 문제가 있다.

50칸을 사용하여 별 볼일 없는 한 문장을 적었다고 가정하자. 그렇다고 해서 점수가 깎이는 건 아니다. 다만 점수를 올리지 못할 뿐이다. 50칸을 효율적으로 사용했다면 자신의 우수함을 훨씬 잘 드러낼 수 있었을 텐데, 그 기회를 헛되게 써버린 것이다. 설령 우수함을 조금 드러냈다고 한들 그것 역시 성공은 아니다. 제 살을 깎아먹지 않고도 자신의 우수함을 더 잘 표현할 수 있는 다른 방법이 얼마든지 있기 때문이다.

단점을 기재하는 것 말고도 위에서 언급한, 평가에 도움이 되지 않는 내용들을 쓰면 안 되는 이유 또한 기회비용 때문이다. 그렇게 칸을 허비하지 않는다면 자신의 우수함을 표현할 더 많은 기회, 더 많은 글자 수를 확보할 수 있다.

11 창의적 체험활동 · 수행평가 · 방과 후 수업을 적극 활용하라

여기까지 읽으면서 어떤 학생은 입학사정관이 원하는 방향이 무엇인지, 자신의 3년간을 되돌아보며 그중 자기소개서에 무엇을 기재해야 할지 감이 잡힐 것이다. 반대로 어떤 학생은 어떻게 써야 할지 이해는 했으나 마땅히 쓸 만한 활동이 없어서 좌절할 수도 있다. 그렇다고 너무 걱정할 필요는 없다. 하늘이 완전하게 무너진 것같이 보여도 솟아날 구멍은 분명히 있으니까.

위에서도 언급했듯 사실 중학생 정도의 나이에는 노력해도 따라잡지 못할 만큼 학업 격차가 벌어지기 힘들고, 설령 벌어졌다 해도 미미한 편이다. 그러니 지레 겁먹을 필요가 없다. 누구든 정규 교육 과정을 성실하게 따라왔다면 우수한 학업 과정을 성취해본 경험이 한 번쯤은 있게 마련이다. 학교에서 개인 자격이 아닌 단체로 한 활동이라도 분명히 있을 것이다. 그 경험을 찾아내면 된다. 자신의 발전 가능성과 창의력을 뽐낼 수 있는 활동이 특별히 없었다면, 혹은 현재 입시제도처럼 교외활동에 제약이 많은 경우라면 교내활동, 그 중에서도 기왕이면 학교생활기록부에 기록이 남은 활동을 소재로 선택하는 것이 좋다.

입학사정관들은 그 학교의 교사거나 교육청에서 위촉한 사람들이다. 즉 학교생활에 충실한 학생을 좋아할 수밖에 없는 신분이라는 뜻이다. 교육과정 역시 많은 교육 전문가가 오랜 고심 끝에 연구한 결과물이므로, 혹 시행되는 과정에서 문제가 다소 있었다 하더라도 대개는 이미 검증이 된 것이라고 봐도 무방하다. 그런 교육과정 안에서 어떻게 방향 설정을 해서 어떤 활동을 했는지 잘 드러낸다면 충분히 자신의 우수함을 어필할 수 있다.

교내활동 중에서도 교과과정과 직접적으로 연관이 있으면서도 학생의 자기주도적인 모습을 강조할 수 있는 가뭄의 단비 같은 존재가 있다. 바로 수행평가다. 만일 해당 과목 선생님께서 학생이 수행평가를 얼마나 우수하게 수행했는지 세부능력 특기사항에 상세하고 긍정적으로 기술해주셨다면 더할 나위 없는 최고의 쓸거리다. 그 내용을 택하여 자기주도성을 좀 더 강조하여 문제 상황을 해결하기 위해 어떻게 노력했는지, 그로 인해 얼마나 더 성숙해졌고 성장하게 되었는지, 그 과정을 문제 해결력에 맞춰 서술하면 이보다 더 좋을 수 없다.

12
선행과정을 우회적으로 드러낼 수 있는 독서와 무크Mooc를 활용하라

현재 교육부는 사교육을 심화하고 불필요한 소모성 경쟁을 유발한다는 이유로 선행과정을 자기소개서에 기재하지 못하게 성해두었다. 이게 맞는 방향인지 아닌지는 논외로 하고, 어쨌든 학교와 학생은 이 가이드라인을 지켜야 한다.

기본적으로 교육은 나선형 과정이다. 나사의 홈이 기둥을 타고 뱅글뱅글 돌아가면서 기둥 끝에 도달하는 것처럼, 교육과정 또한 나선형으로 짜여 있다. 교육과정을 순차적으로 밟다 보면 배움이 더 넓고 깊어지는 것이지 학년이 올라간다고 해서 아예 새로운 이론을 배우는 경우는 많지 않다. 그렇다 보니 실제로 자기주도적으로 공부하는 학업 성취도가 높은 학생들은 대개 정규교육과정을 벗어나는 내용을 스스로 조사하고 정리하며 호기심을 충족한다.

이러한 학생들이 정규교육과정에 부족함을 느껴 배움의 욕구를 채우기 위해 가장 많이 하는 활동은 독서다. 교과서만으로는 풀리지 않는 의문을 갖게 되었는데 아직 그 부분을 학교에서 배우지 않았거나, 아니면 아예 중고등학교 교육과정에서 그 부분을 다루지 않는 경우가 있다. 이럴 때 읽은 책에 자신이 품은 의문에 대한 답이 담겨 있었다면, 그 내용을 자기소개서에 쓰면 된다. 억지로 갖다 붙인 것같이 보이지도 않으면서도 자연스럽게 선행과정이 담긴다.

이처럼 중학교 정규교육에서 문제의식을 갖고 자기주도적으로 심화학습한 과정을 설명한다면, 약간의 선행과정이 나온다 해도 글의 흐름상 문제가 되지 않으면서도 입학사정관을 설득할 수 있다. 이를 이용하면 본인이 해당 교과를 얼마나 깊이 있게 공부하고 고민했는지를 충분히 전달할 수 있다.

최근 각광받고 있는 학습법이 있는데, 바로 온라인 공개 강의인 무크(MOOC, Massive Open Online Course)다. 빌 게이츠는 자신의 자녀를 학교에 보내지 않는다고 한다. 홈스쿨링이 발달한 미국에서는 흔한 일이다. 하지만 특이하게도 부동의 세계 최고 부자인 빌 게이츠는 비싼 과외를 시키면서 홈스쿨링을 하는 게 아니다.

"우리 아이는 오직 테드TED만 보고 공부한다."

빌 게이츠의 자식교육법은 바로 테드다. 빌 게이츠가 자식들을 학교에 보내지 않고도 필요한 지식을 전부 익히게 할 수 있을 만큼, 테드에는 각 분야 세계 최고 지성인들의 강의가 수없이 쌓여 있다. 최근엔 테드 말고도 좀 더 직접적으로 학문적 호기심을 해결할 수 있는 무크가 다양하게 발전 중이다. 〈뉴욕타임스〉의 표현대로 무크는 일종의 '대중을 위한 아이비리그'로, 보통 유명 대학이 인터넷 사이트와 협력하여 양질의 콘텐츠를 무료 혹은 약간의 비용만 받고 제공한다. 경직된 교육과정에서 아쉬움을 느낀 부분이 있다면 무크를 통해 해결할 수 있고, 이를 자기소개서에 녹여내면 자기주도적으로 학업을 발전시켜 나가는 우수한 학생임을 강조할 수 있다.

대표적인 무크 사이트

- http://snuon.snu.ac.kr : 서울대학교 열린 교육.
- http://www.kocw.net : 고등교육 교수학습자료 공동활용 서비스, 주제별, 대학별, 강의자료 검색 등 제공.
- http://www.coursera.org : 영문 사이트. 미국 대학교 강좌 전문, 컴퓨터, 통계학, 의료보건, 경제학, 인문학 등 강좌 제공.
- http://www.edxonline.org : 영문 사이트. 하버드대학교, 매사추세츠공과대학교 공동 운영, 온라인 강의 프로그램, 수강신청 등 안내.

13

전공 적합성을 강조하라, 비전이 보이는 학생이 유리하다

앞에서 언급한 약간의 꼼수를 사용할 때도 주의할 점이 있다. 무작정 그럴싸한 책과 강좌를 건드려봐야 자신이 우수해 보이기는커녕 무슨 말을 하고 싶은 건지 알 수 없는 자기소개서가 되기 쉽다. 이를 예방하려면 글 전체를 관통하는 핵심을 '전공 적합성'으로 만들어야 한다.

대입 자기소개서에서 가장 중요한 포인트는 지원하는 학과와 내가 얼마나 잘 맞는가 하는 전공 적합성이다. 대학에 지원할 때는 학과별로 지원하므로 이는 너무나 당연하다. 고입에서는 외대부고처럼 문과와 이과를 따로 뽑거나 외대부고처럼 외국어별로 과가 나누어져 있지 않는 한, '전공'과는 별 상관이 없다고 생각하기 쉽다. 그러나 본인의 진로에 대해 주관이 명확하지 않고 자기소개서에 전공 적합성을 강조하지 못하면 좋은 내용의 자기소개서가 나오기 힘들다.

그렇다면 전공 적합성은 어떻게 강조해야 할까.

첫째, 희망진로를 밝히고 그것을 이루기 위해 고교 입학 후, 그리고 졸업 후 어떤 계획을 실행해나갈지 써야 한다. 희망진로는 전공 적합성을 강조하기 위한 내용과 직접적으로 연관되어 있으므로, 진로에 대한 생각이 정립되지 않았다면 좋은 자기소개서가 나오기 어렵다.

둘째, 희망진로와 직접적으로 연결되는 교과는 자기주도 영역과 밀접한 관련이 있다. 그러므로 그 교과에서는 더더욱 특기할 만한 점이 있어야 한다. 그래야 자연스럽게 학업 능력과도 연결이 된다.

셋째, 현재 학교생활기록부에 희망진로를 적되 왜 그런 진로를 선택하게 되었는지 그 이유까지 적게 하고 있다. 그만큼 학생들이 자신의 진로에 대해 깊이 있게 고민하고 탐색하기를 교육부에서 원하고, 강조하는 것이다. 이제 본격적으로 시행될 중학교 무시험 자유학기제 또한 이러한 연장선상에 있다. 마지막으로 진로에 대한 명확한 가치관이 정립되어 있음을 강조해야 한다. 그러면 그만큼 자기주도적이며 성숙한 학생이라는 인상을 줄 수 있다.

내신 성적, 학교생활기록부 내용이 비슷한 두 학생이 있다. 자기소개서에 한 학생은 자신의 미래에 대해 분명한 비전을 가지고 있고 다른 학생은 여전히 어른이 되어 어떤 길을 가야 할지 모르는 데다 자신이 무엇에 관심 있는지조차 모른다는 내용으로 작성했다고 가정해보자. 누가 미래에 성공할 확률이 높다는 생각이 들까? 어떤 학생이 학교를 빛내줄 인재가 될 거라고 생각할까? 학교에서는 어떤 학생을 뽑을까? 당연히 앞의 학생일 것이다.

14

3학년에 시작하면 늦다, 대입·고입 준비 미리 시작하라

필자가 정말 하고 싶은 말은 이것이다. 앞의 내용을 읽으면서 자기소개서를 어떤 방향으로 어떻게 써야 하는지 이해가 됐다면 결국 결론은 하나뿐이다. 그것은 고등학교, 중학교에 입학하자마자 대입, 고입 준비를 시작해야 한다는 것이다. 대입, 특목고 입시에서 평가 대상이 되는 영역은 크게 내신 교과, 학교생활기록부 비교과, 자기소개서, 면접이다. 이 네 가지가 유기적으로 연결되어서 자신이 고등학교, 중학교 각 3년을 알차게 보냈음을 입학전형위원이 납득할 수 있도록 설득해야 한다.

하지만 고등학교, 중학교 시절은 질풍노도의 시기로서 방황하고 좌절하기도 하고, 수백 개의 꿈이 생겼다가 사라지기를 반복하는 때다. 그렇기 때문에 더더욱 그저 시간이 흐르면서 서류에 자연스럽게 기록이 채워지도록 놔둬서는 안 된다. 나중에 보면 그 기록들이 전혀 유기적으로 연결되지 않을 가능성이 높다.

중요한 것은 전공 적합성과 그 전공에 직접적으로 연결되는 학업에 대한 의지 및 성취도가 기록에 남아야 한다는 것이다. 이러한 자료를 통해서 나라는 학생이 절대 놓치면 안 되는, 뛰어난 인재임을 설득하려면 3년간의 관련 데이터가 앞뒤가 맞도록 축적되어야 한다. 흐름이 연결되는 데이터를 마련하려면 현실적으로 중1부터 시작해야 한다. 고3부터 열심히 공부하겠다는 다짐은 한없이 부질없다. 현명한 학생이라면 고1부터 대입을 준비할 것이다.

입시의 본질은 퍼센트 싸움이 아니다. 자신의 성적이 상위 몇 퍼센트인지는 중요하지 않다. 입시의 본질은 '등수 싸움'이다. 고입이든 대입이든 본질은 등수다. 절대평가가 아닌 이상, 절대적으로 잘하고 못하고는 중요치 않다. 상위 몇 프로인가 역시 중요하지 않다. 중요한 것은 '내가 정원 안에 들 수 있는 등수인가'다. 이 잔인한 싸움에서 패자가 되지 않으려면 그냥 잘하는 것으로는 안 된다. 경쟁자보다 잘해야 한다. 경쟁자보다 등수가 높아야 한다.

입시 전쟁에서 승리하기 위해서는 학교생활기록부에 기록되기 시작하는 시점부터 준비해야 맞다. 그래서 알찬 포트폴리오를 차근차근 준비해야 한다. 공주 한일고의 경우 서류 및 자기소개서의 평가 항목 중에 '우리 학교에 지원하기 위해 얼마나 오랫동안 준비했는가?'라고 묻는 항목이 있다. 이 항목은 후기 학교인 한일고가 학교에 대한 충성심을 점수에 반영하기 위한 것이기도 하지만, '입학사정관제'에 맞게 얼마나 준비를 잘한 학생인지 평가하기 위한 항목이기도 하다. 격동하는 입시제도에 전략적으로 발맞추어, 제도의 희생자가 되지 않도록 탄탄한 준비를 해야 한다.

3장

영역별 알차게
자기소개서
채우는 비법

01 자기소개서에 쓸 만한 내용을 모조리 모아 정리하기

먼저 자기소개서에 쓸 만한 내용을 만들어야 한다. 다짜고짜 쓰기부터 하면 글의 중심을 잡기가 힘들다. 쓸거리를 모을 때 가장 좋은 방법은 학교생활기록부를 천천히 살피며 3년간의 활동을 되돌아보는 것이다. 위에서도 언급했지만 같은 수준이라면 교내활동, 더 나아가 학교생활기록부에 자세히 기재된 활동일수록 학교생활을 충실히 한 학생이라는 점을 어필하고 신뢰감을 주는 데 유리한 근거가 된다. 학교생활기록부를 찬찬히 살펴보면서 쓸 만한 내용을 추렸으면, 그 내용을 바탕으로 자기주도학습 영역, 인성 영역, 진로 영역에 쓸 내용을 구분해보도록 한다.

학교생활기록부를 봐도 전혀 감이 잡히지 않거나, 학교생활기록부에 전혀 기재되지 않은 내용 중에서 자기소개서에 쓸 만한 내용이 많다면 다음과 같이 표를 통해 3년간의 활동을 정리해보도록 한다.

진로 영역 내용

진로 선정 계기	책	
	인터넷	
	영상 (다큐, 뉴스 등등)	
	기사	
진로를 위한 노력	교과 공부	
	필요한 능력 계발	
	자격증	
	읽은 책 목록	
	방문 기관	
고교 입학 후 계획	계발할 능력	
	최고 권위의 학교, 학과	
	진학을 위해 갖출 스펙	
	능력을 위한 교과 공부 계획 (혹은 연구 계획)	
	자격증	
	읽을 책 목록	
	기타	

고교 졸업 후 계획	대학 입학 후 계발할 능력	
	졸업 전 필요한 스펙	
	교과 공부 계획 (혹은 연구 계획)	
	자격증	
	읽을 책 목록	
	기타	
대학 졸업 후 계획	직업인으로서 구체적 모습	

인성 영역 내용

유의미한 봉사	봉사 내용	
	봉사 기간	
	에피소드	
	핵심 키워드 (나눔/배려/협력 /공동체 정신/ 리더십 등)	

자기주도학습 영역 내용

과목		활동 주제	
		활동 내용 (구체적으로)	
		문제 상황	
		원인	
	해결책	책	
		강의	
		인터넷	
		타인에게 받은 도움	
		기타	
		성장, 발전, 깨달음	

02

지원동기 영역 :
학교별 맞춤 내용을 써라

| 어디에나 써도 되는 내용은 아무 데서도 반기지 않는다

지원동기를 적을 때 학생들이 가장 많이 하는 실수는 바로 이것이다. 사실 꼭 그 학교를 지원해야만 하는 이유는 따로 없다. 대부분은 자신의 상황과 성적에 맞춰서 지원할 뿐이다. 학교도 그걸 모르지 않는다. 그 학교에서 근무하는 분들조차 다른 학교가 아닌 꼭 그 학교에서 근무해야 이유가 있는 건 아닐 것이다.

하지만 지원하는 학교에 입학하기를 간절히 원하는 학생은 그렇지 않은 학생보다 더 열심히, 성실히 학교생활을 할 것이라 추측할 수 있다. 그러므로 지원하는 학교에 특화되지 않은, 어느 학교에 내도 될 정도로 평범한 지원동기를 쓴다면, 입학 후 성실하게 학교생활을 하겠다고 어필할 기회를 내던지는 것이나 마찬가지다. 예를 들어 특목고를 준비하는 중학생이 '외국어를 완벽히 마스터하고 싶어서 ○○외고에 지망했다'라고 쓴다면, '다른 외고가 아니라 왜 굳이 ○○외고인가?' 하는 의문이 생길 수밖에 없다. 어디에나 해당하는 내용은 아무 데서도 원하지 않는다.

| 학교의 커리큘럼을 나의 목표와 연결하라

꼭 그 학교에 진학해야만 하는 이유를 대기 가장 좋은 방법은 그 학교만의 커리큘럼을 참고하는 것이다. 그 학교만의 특정한 커리큘럼이 자신의 진로, 자신의 목표에 부합하기 때문에 그 학교를 지원했다는 내용은 나름의 타당성이 있다.

| 내가 왜 입학해야 하는지가 아니라 나를 왜 뽑아야 하는지 설득하라

앞에서도 언급했듯 학생 선발 과정에서는 학교가 갑이고 학생은 을이다. 그러므로 을은 자신이 원하는 바를 들어줄 수 있는 갑을 설득하기 위해 갑이 원하는 것을 제시해야 한다. 그러므로 지원동기에도 왜 입학하고 싶은지가 아니라 왜 학교에서 나를 뽑아야 하는지 그 이유를 제시해야 한다. 그렇다고 '나를 뽑아야 한다. 왜냐하면~' 이런 식으로 쓸 수는 없는 노릇이다. 지원동기에 자신이 얼마나 성공할 수 있는 잠재력이 큰 학생인지를 어필하고, 이를 성취하기 위해 그 학교의 특정한 커리큘럼이 필요하다는 내용을 식으로 적으면 무난하다.

03

진로 영역 : 낭만이나 겸손함은 필요없다

| 막연한 핑크빛 전망은 필요 없다, 계획은 구체적으로

진로 영역에는 입학 후 계획부터 졸업 후 계획까지를 제시한다. 여기서 조심할 것이 있다. 대개 사람들은 계획을 잘 지키지 않는다. 자신이 세운 계획을 전부 지키며 사는 사람은 없다. 그렇게 보면 자기소개서에 적은 거창한 계획은 어떤 면에서는 허무하다. 그러므로 계획에 조금이라도 믿음을 심어주는 것이 중요한데 이를 위해서는 아주 지엽적이고, 구체적으로 적는 편이 좋다. 그래야 좀 더 자신의 미래에 대해 깊이 고민한 듯한 인상을 줄 수 있다. 마치 당장 내일의 계획을 세우듯이, 최대한 구체적으로 작성할 필요가 있다. 글자 수 제한으로 자세히 쓰지 못할 상황이라면 두루뭉술하게 쓰느니 차라리 그 부분을 빼고 가는 편이 낫다.

야망은 망설이지 말고 거침없이

고등학교는 좋은 대학에 가서 훌륭한 대입 실적 통지표를 안겨줄 학생을 원한다. 대학은 학생이 졸업 후 사회적으로 성공하여 학교 이름을 드높여주기를 원한다. 그러므로 당연히 같은 성적, 같은 점수라면 야망이 있고 진취적인 학생을 선호할 수밖에 없다. 그러므로 무엇이 됐든 나중에 자신만의 길을 찾아 무언가를 이루어낼 학생이라는 이미지를 심어주는 편이 유리하다. 그런 의미에서 특목고, 자사고를 준비하는 학생은 대학 진학 계획을 언급할 때 무조건 서울대를 드는 것이 좋다. 대학을 준비하는 학생이라면 자신이 얼마나 준비된 인재인지, 앞으로 사회에 어떻게 기여하고 싶은지를 어필하는 것이 좋다.

04 자기주도학습 영역 : 믿을 만한 근거로 학업의 우수함을 주장하라

┃ 무조건 학업 능력이 우선이다

자기주도학습 영역은 자기소개서의 꽃이다. 학교는 우수한 성적으로 명문대에 진학할 학생을 원한다. 그러므로 자기주도학습 영역을 어떻게 구성하고 어떻게 작성했는지가 합격, 불합격을 결정할 것이다.

┃ 학업 능력을 나타내는 가장 중요한 재료는 다양한 활동이다

주요 고등학교가 대학에 제출하는 학교 개요를 보면 개별 탐구 학습과 다양한 학생 중심 수업, 동아리, 스터디 그룹 활동을 강조하고 있다. 서울대에 가장 많이 보내는 어느 자사고의 학교 개요를 살펴보면 다음과 같다.

– **창의연구 논문** : 2학년이 된 학생들은 평소 관심이 있는 주제와 지도교사를 선정하여 1년간 창의연구 논문을 작성하게 된다. 교사와 상의하여 연구 주제를 정하고 지속적으로 지도를 받고, 2학년 겨울방학 기간 동안에 논문의 인준 여부를 심사받는다. 논문 발표 대회도 시행하여 학생들의 지적 탐구욕을 자극하고 격려하고 있다.

– **ARC**ADVANCED RESEARCH COURSE **프로그램** : 수학 및 자연과학 분야에 영재성을 지닌 학생들이 심화된 교과 내용을 탐구하고 미래에 자연과학 및 이공계의 인재로 성장할 수 있도록 돕는 프로그램이다. 자기주도학습을 기본으로 한 스터디 그룹 형태로 운영되며 외부 전문가와 연계한 멘토링 시스템을 통해 도움을 받도록 하고 있다. 학생들은 동료 및 멘토와 수시로 토론, 실험 등의 활동을 하게 된다.

– **PBLC**PROJECT BASED LEARNING COURSE **프로그램** : 학생들로 하여금 보다 깊이 있는 진로 탐색과 주제가 있는 연구 활동을 하도록 지원하는 프로그램이다. PBLC는 학생들 스스로 탐구하는 프로젝트 단위의 스터디 클래스다. 교사는 학생들의 탐구활동이 적절히 진행될 수 있도록 방향을 잡아주고 심층적인 문제에 접근할 수 있도록 돕는 역할을 한다. 학생들은 평소 관심 있던 주제를 창의적 발상, 적극적 참여, 상호 토의 등을 통해 다루면서 과제를 스스로 해결하는 훈련을 하게 된다.

– **204개 동아리와 스터디 그룹** : 북한 인권, 수학, 라틴어, 뇌 의학, 생물책 번역, 모의 법정, 경영, 중국어, 스페인어, 프랑스어, 사우디아라비아, 역사, 법률, 정치외교, 물리, 의학, 영문학 잡지, 과학 잡지, 한국 홍보, 영어 토론, 천문, 국제정치, 건축, 설계 디자인,

화학, 제약, 철학, 현대사, 생태학, 마케팅, 생물, 국제 상거래, 창의 과학, 사회과학, 학술 잡지, 영어 에세이, 응용심리학, 심리학, 발명 특허, 한일문화 등의 학술 동아리와 스터디 그룹 등을 결성하여 활동하고 있다.

– R&DREADING & DISCUSSION **북클럽** : '최고의 독자READER가 최고의 리더LEADER가 될 수 있다'는 신념으로 1학년 때부터 추천도서 159권을 제공받으며 학기별로 각 과목별 교육계획서에 명시된 필독 또는 권장 도서를 읽고 다양한 과제 수행을 거친다. 1학년의 경우 의무적으로 R&D 활동에 참여한다. 학생들은 대표적인 권장 도서를 1권 또는 3권을 선정하여 읽고 토론하며 이후에는 다양한 책을 스스로 정해 토론 활동을 한다.

– 영어 작문 실력을 위한 WRITING ONLINE 프로그램 : 글로벌 시대에는 영어 구사 능력이 필수적으로 요구된다. 학생들은 2주에 한 번 꼴로 특정 주제에 대한 에세이를 영어로 작성해서 온라인으로 등록해야 하며 학생들의 글은 모두 원어민 첨삭을 받고 이를 바탕으로 수정한 글을 다시 제출하여 평가받는 시스템을 갖추고 있다. 에세이 주제는 인문, 사회, 과학, 예술 등 다양한 분야를 망라한다. 이를 통해 학생들은 자신의 생각을 영어로 조리 있게 표현하는 능력을 습득하게 되며 글로벌 리더로서 지녀야 할 중요한 덕목을 익힐 수 있다.

– 토론, 발표, 세미나 등 다양한 학생 중심 수업 : 정규 수업은 물론 방과 후 수업에서 첨단 설비를 활용한 토론, 발표, 세미나 등 다양한 형태의 학생 중심 수업이 진행된다. 이를 통해 표현력, 설득력, 논리력, 창의력 함양 등을 기대할 수 있다.

국어, 영어, 수학 내신을 잘한다는 것만으로는 명문 대학 및 특목고에 입학할 수 없다. 위에 예를 든 명문 자사고 활동처럼, 교내의 다양한 활동을 통해 전공 적합성을 드러내고 나 자신이 미래의 인재임을 설득해야 한다. 한양대 학생부 종합전형은 면접이나 수능 최저 학력 기준을 적용하지 않고 오로지 학교생활기록부 활동으로만 선발한다.

서울대에서 제시하는 학업 관련 관점은 다음과 같다. 한국교육개발원에서 주최한 연수에서 서울대 입학사정관이 발표한 내용이다.

> **▶ 학생 선발에서 가장 중요한 요소는 학업 능력. 단 평가 방식은 다릅니다.**
>
> 입학사정관제에서도 학업 능력은 학생을 선발하는 데 가장 중요한 요소입니다. 다만, 내신 점수나 수능 점수와 같이 수치화된 점수를 그대로 반영하지 않는다는 차이가 있습니다. 서류 평가에서 학생들이 고등학교 교육과정을 이수하는 동안 보여준 학업성취도와 학업 관련 활동 내용을 모두 고려하여 평가하며, 학생들의 학교생활과 학업 능력을 좀 더 잘 이해하기 위해 개개인의 특성과 교육환경도 고려합니다.
>
> 서류 평가에서는 우리 대학에 입학하여 공부할 준비가 된 학생인지를 판단하기 위하여 학업 능력을 평가합니다. 고등학교 교육과정을 이수하는 동안 보여준 학업성취도(내신성적)를 포함하여,

어떤 분야에 관심과 재능을 가지고 심화된 학습을 했는지, 부족한 부분을 보완하기 위해서 어떠한 노력을 했는지, 어떤 학업 활동에 참여해왔는지 등을 모두 고려합니다. 교과과정 이외에 참여한 학업 활동이 반드시 경시대회 수상이나 영재교육원과 같은 특별한 교육과정의 이수를 의미하지는 않습니다. 학교에서 제공한 심화 학습반이나 특성화 프로그램, 학업 관련 동아리 활동 등에 얼마나 관심을 갖고 적극적으로 참여하였는지, 이러한 활동을 통해 어떻게 발전하였으며, 어느 정도의 학업 능력이 요구되었는지 등이 모두 고려됩니다. 즉 고등학교 교육과정을 이수하면서 얼마나 성실히, 도전적인 자세로 학교 생활을 했는지를 통해 학생의 학업 능력을 판단하게 됩니다.

▶ 융합적 지식을 키우도록 노력해야 합니다.

"나는 과학자가 될 거예요. 그러니 수학, 과학 공부에 집중해야 할까요? 나는 인문계 학자가 되고 싶으니 국어, 영어, 사회 과목에 치중해야 할까요?"

고등학교에서의 모든 공부는 대학을 넘어 사회생활에까지 기초가 되는 교양의 밑거름이 됩니다. 대학에 가면 전공과목 공부에 치중하게 되므로 폭넓은 분야의 공부를 경험하는 것은 고등학교 시절이 거의 마지막 기회가 될 수 있습니다. 고등학교 과정에서 지식이나 학문을 지나치게 편식하는 것은 지적 균형을 이루는 데 도움이 되지 않습니다.

자, 생각해봅시다. 인문 사회적 소양이 풍부한 과학자! 또는 자연과학적 지식이 풍부한 사회학자! 또는 예술 감각이 뛰어난 문학가! 정말 멋지지 않나요?

▶ 내가 좋아하는 분야에서만은 나도 전문가!

폭넓은 공부도 소홀히 하지 않으면서, 내가 장차 목표로 하는 분야는 좀 더 철저히 준비합시다. 이 분야에서는 내가 우리 학교 최고라고 어깨를 으쓱할 수 있을 만큼 전문가가 되어봅시다.

예비 서울대학생 여러분이라면 교과서만으로는 뭔가 부족하다고 생각할 수도 있습니다. 교과서 내용을 완전히 내 것으로 만들었다면 이제야말로 스스로 찾아서 공부할 때입니다. 관련 서적을 찾아서 많이 읽고 좀 더 깊이 이해해봅시다. 내가 강의를 맡았다고 생각하고 남에게 나의 언어로 알려줄 수 있을 만큼 파고들어 봅시다. 나도 모르게 전문가가 된 것 같지 않나요?

▶ 다양한 학업 관련 활동을 경험하자!

내 것으로 만드는 깊이 있는 학습을 위해서는 다양한 학습활동이 필요합니다. 책과 씨름하며 혼자 생각하는 공부도 매우 중요하지만 동시에 그룹 과제활동 등 다양한 형태의 학습 경험도 지식의 살을 찌우는 활동입니다.

- 수업 중의 그룹 과제 및 프로젝트
- 교내외 동아리 활동
- 방과 후 특기 적성 활동

위와 같이 학교에는 실험 탐구 활동, 그룹 수행 과제, 토론, 글쓰기, 심화학습 동아리 등 다양한 활동을 경험할 수 있는 기회가 있습니다. 각자 적성에 맞게 적극적으로 찾아서 다양한 활동을 만들어갈 수 있습니다.

학습활동은 정해져 있는 틀이 없습니다. 어떤 형태, 어떤 종류의 활동이라도 스스로에게 도움이 된다면 큰 의미가 있는 것입니다. 학교 수업 따로, 학습활동 따로 생각할 필요가 없습니다. 정규 수업 안에서 선생님과 함께하는 다양하고 입체적인 활동이 모두 의미 있는 배움이며, 서울대학교는 이러한 경험을 소중하게 생각합니다.

▶ 심화학습에 힘을 쏟자!

학교나 입시에 맞춘 공부를 하기도 바쁜데 스스로 심화학습을 하는 게 무슨 소용일까 하고 생각할 수도 있습니다. 하지만 단순한 반복학습으로 수능, 내신 점수를 높이는 것이 고등학교 시절에 우선이 돼야 할까요? 대답은 NO입니다. 스스로 생각하고, 알고자 하고, 찾아서 깊이 공부하는 노력이야말로 서울대학교에서 성공적인 대학생활을 하기 위한 필수 훈련 과정입니다. 서울대학교 입학사정관은 이런 주도적인 심화 학습 노력을 매우 중요하고 가치 있게 생각합니다.

▶ 예비 서울대생이라면 독서는 기본!

모든 공부의 기본은 독서입니다. 바쁘고 할 것도 많은 고등학교 생활이지만 독서를 소홀히 할 수는 없겠지요? 문학, 교양서적에서부터 학습과 관련한 전문서적도 꾸준하게 많이 찾아 읽는 노력을 기울여야 합니다. 독서를 하는 동안 생각하는 힘, 글쓰기 능력, 전문 지식, 교양이 나도 모르게 쑥쑥 커갑니다. 서울대학교는 독서를 통해 생각과 마음을 키워온 큰 사람을 기다립니다.

> **▶ 서울대학교가 학생부와 자기소개서에서 보고자 하는 것**
>
> **1.** 공부하고 싶은 마음과 의지 : 어떤 노력과 더 알아본 경험
> **2.** 지식의 누적 : 교과 성적 및 교내활동
> **3.** 지식의 활용 : 배운 것의 연결 및 조합
> − 중요한 것은 : 1, 2, 3
> − 더 중요한 것은 : 1, 3
> − 가장 중요한 것은 : 1

이처럼 서울대에서 학생들에게 보고자 하는 것은 단순한 성적이 아닌 미래 인재가 되기 위해, 자신의 꿈과 끼를 위해, 어떤 마음가짐을 가지고 어떤 노력을 해왔느냐 하는 것이다. 그렇기에 자기소개서에 쓸 자기주도학습 내용은 단순히 공부만 한 내용이 나열되어서는 안 된다. 다양한 교내활동을 통해 전공 적합성을 드러내야 한다.

특목고 및 자사고, 국제중 등 일부 학교를 제외하고는 교내활동으로 전공 적합성을 드러내는 것이 쉽지 않다. 학교가 의지를 갖고 다양한 활동을 해야 하나, 앞서 언급한 자사고와 같은 활동을 하는 학교는 많지 않다. 그렇다고 해서 교내활동을 등한시하고 교외활동에 치중해서는 안 된다. 교외활동은 기재 금지사항이기에 자기소개서에 적을 수 없다. 금년도 서울대 입시에서는 자기소개서에 기재 금지사항이 적혀 있는 경우 모두 탈락시켰다고 하니 유의해야 한다.

그렇다면 학교 활동이 많지 않은 경우에는 어떻게 해야 할까? 해

답은 중, 고등학교의 자율동아리에 있다. 자율동아리는 내가 스스로 기획하고 조직하여 만들 수 있는 동아리다. 그렇기에 정규 동아리보다 훨씬 학생의 전공 적합성과 관련된 활동을 다양하게 드러낼 수 있다. 3년간 두세 개 정도 학업 관련 자율동아리를 만들 것을 권해본다. 하나는 전공 적합성을 위한 동아리, 한두 개는 주요 교과 관련 프로젝트 활동을 위한 동아리면 좋다. 이런 동아리 활동을 통해 전공 적합성 논문 활동도 해보고 주요 교과의 심화 프로젝트 활동을 수행해보는 것이다. 그러면 대학 및 특목고에서 요구하는 자기소개서의 자기주도학습 영역을 충분히 채울 수 있다.

| 학업 능력에서 수학을 강조하면 유리

중학생이 뛰어난 학업 능력을 어필하는 목적은 고교에 훌륭한 입시 실적을 만들어줄 인재라는 인상을 주기 위해서일 것이고 고등학생의 경우는 진로 분야에 대한 관심과 열정, 노력이 뛰어나 장차 인재로 성장할 가능성이 높다는 것을 보여주기 위해서일 것이다. 그렇기에 뛰어난 학업 능력은 '대입을 위해 필요한 교과 지식이 우수하게 준비되어 있음'이라고 바꿔 말해도 무방하다.

최근 대입 제도가 큰 변화를 겪고 있다. 인지해야 할 주요 이슈가 많지만 그중에서도 절대 변치 않는 진리가 하나 있다. 바로 '수학의 변별력'이다. 매년 수능에서 타 과목에 비해 압도적인 표준편차를 자랑하면서도 많은 학생들이 포기하여 낙오하게 만들어버리는 과목이 바로 수학이다. 수학을 잘해야 명문대에 갈 수 있는 것은 두말할 필요가 없다. 정시 모집의 경우 대부분 대학에서 수학에 가산점을 준다. 그러므로 자기소개서의 자기주도학습 영역에서는 그 어떤 과목보다 수학 성적의 우수함을 강조해야 유리하다. 앞에서 언급했지만 수학 공부를 단순히 '했다'라는 것보다는 프로젝트의 한 과정으로 녹여주는 것이 좋다.

수학은 모든 학문과 연계되어 있다. 법조인을 꿈꾸는 학생은 수학과 관련이 없다고 생각할는지 모르지만 그렇지 않다. 예를 들어 법조인은 합리적 의사 결정을 학습하는 수학의 게임 이론을 공부하면 도움이 된다. 사회·정치·경제 분야와 관련하여 수학의 게임 이론과 연관시켜 프로젝트를 수행하면 게임 이론이 어떻게 인문·사회 분야에도 큰 영향을 끼치고 있는지를 알 수 있을 것이다.

05

인성 영역 :
느낌보다는 사실 위주로

┃ 드라마 줄거리를 적듯이 구체적으로 써라

자기소개서 쓰기를 지도하면서 가장 많이 주문하는 내용은 바로 '구체적으로 적어라'라는 것이다. 그런데 학생들이 가장 많이 실수하는 부분도 바로 구체적으로 적기다. 인성 영역에 들어갈 만한 내용을 구체적으로 적어 오라고 하면 대개는 자신이 어떤 활동이나 사건을 통해 얼마나 많은 것을 깨닫고 느꼈는지를 적는 실수를 한다. 구체적으로 쓰라는 것은 구체적인 감상을 쓰라는 것이 아니다. 앞에서도 언급했지만 감상은 증명할 방법이 없으므로 없는 내용이나 마찬가지다. 차라리 드라마 줄거리를 설명한다고 생각하면 편할 것이다. 드라마에는 구체적인 스토리가 있어야 한다. 놀부가 나쁜 놈이라고 말하는 것보다 놀부가 한 짓을 말해주면 머리에 훨씬 오래 남는다.

▎구체적 기록이 남아 있는 봉사활동을 쓸거리로 삼아라

인성 영역에 작성하는 내용은 면접에서 질문을 하더라도 사실 여부를 판단하기 힘든 경우가 많다. 자기주도학습 영역의 경우 면접을 통해 기재한 내용을 실제로 이해하고 있는지 확인할 수 있다. 하지만 인성 영역에 적은 에피소드는 그렇지 않다. 조금이라도 신뢰감을 줄 수 있도록 하는 편이 좋은데 그러기 위해서는 구체적인 기록이 남아 있는 활동 내용을 기재해야 한다. 예를 들어 학교생활기록부에 나와 있는 봉사활동 중에 있었던 에피소드를 작성하는 편이 친구끼리 싸운 일, 혹은 싸움을 중재한 일보다 상대적으로 낫다.

4장

불합격하는
자기소개서

01 반드시 기억해야 하는 기재 금지사항

 매뉴얼에도 자세히 언급하고 있고 모든 학교의 요강에도 명시한 금칙어를 쓰면 0점 처리된다. 최근 기사에 따르면 대입 자기소개서를 쓴 5명 중 1명이 금칙어를 썼다고 한다. 기본적인 사항은 반드시 지켜야 한다. 금칙어 외에도 감점 요인이 되는 내용을 기록하면 10퍼센트 이상 감점이다. 기재 금지사항 리스트를 살펴보면 다음과 같다.

 모든 기재 금지 사항의 기본 원칙은 '사교육 유발 요소'이다. 사교육에서 비롯되었다는 느낌이 나는 모든 사항을 써서는 안 된다. 선행 내용 역시 교과 과정에서 벗어난 것은 사교육을 받을 수밖에 없기 때문에 '탐구 과정에서 스스로 찾아 공부한 앞선 과정'은 괜찮으니 선행 자체를 목적으로 하는 것은 기재 금지 사항에 해당한다. 자소서에 나타난 학습 활동이 모두 학생부에 기록될 수 있도록, 기록된 것만을 작성하도록 유의하자.

1 각종 인증점수

고입은 대입에 비해 상대적으로 자기소개서 기재 금지사항이 엄격하다. 그래서 기준을 명확히 살피고 감점을 당하지 않도록 조심해야 한다. 대표적인 금지사항이 바로 인증점수를 적는 것이다. 이는 대입에서도 금지인 만큼 높은 인증점수가 있더라도 자기소개서를 통해 부각시기기 힘들다. 좋은 인증점수을 딸 만큼 뛰어난 어학 실력이 있다면 자기주도학습 영역에서 우회적으로 표현하는 방법 외에는 어필할 길이 없다.

2 영재교육원을 대표로 하는 외부 프로젝트, 대회 수상 기록

영재교육원에 관한 기록은 원서 접수를 할 때 학교생활기록부에 기재된 내용도 지우고 제출해야 할 정도로 철저히 금지한다. 교내활동이라면 어떤 것이든 자기소개서에 다 적을 수 있다. 하지만 외부 프로젝트는 영재교육원 활동과 마찬가지로 일체 적어서는 안 된다. 영재교육원에서 한 활동과 결과물을 우회적으로 표현을 할 수는 있다. 그러나 금지사항을 어기지 않도록 극도로 조심해야 한다.

대회에서 수상한 내용도 적을 수 없다. 이는 교외대회뿐만 아니라 교내대회도 마찬가지다. 그러나 영재교육원 활동과 마찬가지로, 활동 내용을 우회적으로 표현할 수는 있다. 이때도 마찬가지로 기준을 명확히 인식하고 선을 넘지 않도록 주의한다.

3 성적에 대한 표현

'우수한 성적을 거둬', '최상위의 성적을 성취'처럼 구체적이지 않은 성적에 대한 표현도 금지사항이다. 성적, 성취도라는 표현 자체를 아예 하지 않는 편이 안전하다.

4 부모의 사회·경제적 지위 암시, 고비용 취미생활

교육부는 부모의 사회·경제적 지위가 평가에 영향을 줄 수도 있다고 판단하여 면접을 보러 온 학생의 출신 지역이 드러나는 교복을 입고 면접에 참여하지 못하도록 규정을 바꿨다. 만약 교복을 착용하고 면접 장에 온다면 학교에서 준비한 조끼 등을 착용하여 구분을 할 수 없게 했다. 그런 만큼 부모의 사회·경제적 지위를 자기소개서에서 유추할 수 있는 내용을 쓴다면 이 또한 감점 대상이다. 주로 진로 영역을 작성할 때 무의식적으로 이런 실수를 하는 경우가 잦으니 조심해야 한다.

　마찬가지로 흔치는 않지만 요트, 승마 등 사회적으로 부유층만의 취미 생활로 인식하는 고비용 활동은 감점 대상이 될 수 있으니 작성을 하지 않도록 한다.

5 해외 유학, 단기 어학연수는 사교육 유발과 경제적 능력을 암시하므로 금지사항이다

해외에 단기로 유학을 다녀오거나, 단기 어학연수는 기재금지 사항이다. 경제적 능력을 암시할뿐더러 공교육 기관에서 공교육을 받은 내용이 아니기 때문이다. 다만, 해외에서 정규교육 과정을 밟은 경우, 즉 부모가 이주해서 함께 해외에서 공교육을 받은 내용은 상관 없다.

6 초등학교 시절 이야기

의외로 많이 실수하는 부분이다. 특목고 입시는 중학교 시절의 활동을 바탕으로 학생의 우수성을 평가한다. 초등학교 시절의 활동은 적을 필요가 없다. 만약 초등학교 때부터 꾸준히 한 활동을 중학교까지 이어서 했다면 언제 시작했는지는 적지 말고 '이런이런 활동을 꾸준히 했고 중학교 몇 학년 때엔 이러이러한 일이 있었다'와 같이 적는 것도 방법이다.

아래 사례를 보고 다시 한 번 매뉴얼을 상기하자.

사례

어머니께서 역사 선생님이셔서 부담도 되어 남들보다 두 배 세 배 더 공부를 해야겠다는 것을 느꼈다. (중략) 일본어를 잘하는 삼촌 때문인지 일본어 또한 부담감을 느끼게 되었다. (중략) 3학년 때 일본 여행을 갈 기회가 생겼다. 여행을 가서 일본어를 쓴 것은 아니지만 일본어를 접해봄으로써 나도 유창하게 일본어를 하고 싶다는 생각과 동시에 일본어에 대한 흥미도 생기게 되었다.

부모의 사회적 지위, 친척의 개인적 상황, 일본 여행을 다녀온 사실 모두 기재 금지 사항에 해당되며 10% 이상 감점이다. 학생의 사적인 내용은 되도록 쓰지 말고 학교에서 수행한 공식적인 활동 위주로 쓰는 것이 안전하다.

2016학년도 자기주도학습 전형 및 입학전형 영향평가 매뉴얼

1. 자기소개서 작성 방법

가. 자기주도학습 영역(꿈과 끼 영역)과 인성 영역의 내용을 포함하여 1500자(띄어쓰기 제외) 이내로 작성

나. 학생 본인이 직접 작성하여 파일 형태로 제출

(1) 학교 등 특정 장소에 지원자를 소집하여 자기소개서 작성 금지

(2) 대리작성, 허위작성 혹은 표절 시에는 사후에도 입학 취소 등 불이익 부과

다. 본문에 영어 등 각종 인증시험 점수, 교내·외 각종 대회 입상 실적 기재 시 0점 처리, 부모의 사회·경제적 지위 암시 내용 등 기재 시 학교별 기준을 마련하여 항목 배점의 10퍼센트 이상 감점 처리

(1) 평가 항목 : 자기주도학습 과정, 지원동기 및 진로계획, 핵심인성 요소에 대한 중학교 활동실적, 인성 영역 활동을 통해 느낀 점

(2) 인증시험 및 경시대회 입상 증빙자료를 참고자료로 제출하는 경우, 우회적·간접적인 진술에도 0점 처리

라. 자기소개서 작성 시 배제 사항

- TOEFL·TOEIC·TEPS·TESL·TOSEL·PELT, HSK, JLPT 등 각종 인증시험 점수, 한국어(국어)·한자 등 능력시험 점수
- 교내외 각종 대회 입상 실적, 자격증, 영재교육원 교육 및 수료 여부 등
- 부모 및 친인척의 사회·경제적 지위를 암시하는 내용
  예) 부모 및 친인척의 구체적인 직장명이나 직위, 소득수준, 고비용 취미 활동(골프, 승마 등), 학교에서 주관하지 않은 모둠 및 프로젝트 활동(사설 학원 및 기관에서 추진하는 교과 관련 활동) 등
- 지원자 본인을 알 수 있는 이름, 출신 중학교 등 인적사항

마. 잘못된 지기소개서의 작성 시례

- 중학교 1학년 때 처음 TOEIC 시험에 응시해 450점을 받았습니다. 이후 영어 공부에 매진한 결과 850점을 얻으며 "노력은 결과를 배신하지 않는다"라는 깨달음을 얻게 되었습니다.
- 중2 겨울방학 중 ○○○에서 주최하는 ○○○○ 경시대회에 참가해 2위 입상이라는 쾌거를 올렸습니다.
- 어렸을 적부터 영어 공부를 열심히 해서 영어인증시험에서 최고 수준에 도달하였고, 전국 단위의 대회에 출전하여 매우 우수한 결과를 얻었습니다.
- ○○지검 검사장이신 아버지를 따라 어렸을 때부터 법조인의 꿈을 키웠습니다.

02

나열하기 : 많이 드러내지만 아무것도 보여주지 못한다

자기주도학습 영역을 쓸 때 저지르는 가장 큰 오류는 '학습 과정'을 그대로 나열하는 것이다. 1500자라는 한정된 글자 수에서 학습 과정을 나열하는 것은 수박 겉 핥기 식이 될 뿐이다. 게다가 나열을 한다는 것은, 하나하나의 활동에 적힌 글자 이상의 의미나 깊이가 없을 수도 있다는 뜻을 내재하고 있다. 사례를 보자.

사례 1

가장 좋아하는 과목인 ❶<u>과학</u>은 다양한 책을 통해 궁금한 점을 해결하며 흥미를 키워나갔고, SNS의 'physics'에 사람들이 올린 사례를 찾아보며 ❷<u>관심 분야를 넓혀갔다.</u> 국어는 여러 장르의 글을 많이 읽어 ❸<u>독서 골든벨, 논술 대회와 토론 대회</u> 등 다양한 활동에 참여할 수 있었다. 그리고 쉬는 시간 중 3분이라도 투자해 나만의 학습 메모를 함으로써 직전에 배운 내용을 기억하는 습관을 들였다. 그 순간의 질문 거리와 중요 포인트를 놓치지 않는 습관은 **❹내신 공부**에 큰 도움이 되었다고 자부한다. 다른 과목에 비하여 영어에 자신이 없었던 나는 하루에 10개씩 지문을 정독하고 해석을 꼼꼼히 써보고, **❺답지와 비교하는 훈련**을 1년째 하고 있다. 처음에는 모르는 단어가 나올 때마다 사전을 찾아보았으나, 지금은 모르는 단어가 나와도 전체 글의 맥락을 보고 문장을 이해하는 능력이 키워졌다. 이 훈련 덕분에 주제 추론이나 빈칸 추론 영역에서 상당한 점수를 끌어올릴 수 있었다. 또한, 듣기 실력 향상을 위하여 3학년 때 **❻스크린 영어 동아리에서** 실전 경험을 쌓았다.

문제점 분석

❶ 위 학생은 과학은~ 국어는~ 영어는~ 이런 식으로 주요 과목의 공부법을 나열하고 있다.

❷ "관심 분야를 넓혀 갔다"라고는 하는데 정작 그 관심 분야가 무엇인지 알 수 없다. 넓히는 게 중요한 게 아니라 깊이 파고드는 것이 중요하다.

❸ 대회 경력을 쓰면 무조건 0점 처리된다.

❹ 내신을 위한 공부법은 다 비슷할 수밖에 없다. 작성자만의 특성이 드러나지 않는다.

❺ "답지와 비교하는 훈련"을 해서는 안 된다. 모르는 것은 스스로

끝까지 찾아야 한다. 답지와 비교했다는 것은 문제집을 풀었다는 이야기이므로 역시 내신 공부이거나 아니면 어학인증시험을 위한 공부였음을 알 수 있다. 따라서 관심 분야에 관련해 어떤 심화 공부를 했는지가 전혀 보이지 않는다.

❻ 스크린 영어 동아리에서 실전 경험을 쌓았다는데 구체적으로 어떤 활동을 했는지 알 수가 없다.

이 학생의 자기소개서는 나열식도 문제지만 '지나치게 평범한' 공부법 역시 문제다. 이것이 자기주도학습 과정 영역을 쓸 때 저지르는 흔한 실수 중에서 둘째로 자주 나오는 실수다.

03

무난한 공부법 : 누구나 다 하는 이야기는 평범하게 보일 뿐

학생들에게 "공부한 방법에 대해 써 봐라"라고 하면 백이면 구십 정도의 학생이 비슷한 내용을 쓴다. 오답노트, 선행학습, 타이머 이용하기 등 기재 금지사항은 물론이고 아무런 차별성을 드러내지 못하는 공부법을 나열하는데, 이런 내용은 자기소개서에 하나도 도움이 되지 않는다. 사례를 통해 자세히 짚어보자.

사례 1

학교 공부에 있어서는 틈틈이 예습한 중요 내용과 개념을 ❶노트로 정리하여 자습서처럼 이용하였습니다. 핵심적 개념과 꼭 암기해야 할 부분 등을 눈에 띄게 배치하고 정리했는데, 이런 ❶'정리 습관'은 체계적이고 논리적으로 수학을 공부하는 데 큰 도움이 되었습니다. 또 다른 학습 방법은 ❶'오답노트'를 만들어 틀린 문제를 반복해서 푸는 것이었습니다. 문제 출제자의 의도까지 파악해 보면서 철저히 개념과[1] 원리를 따져보았는데, 이를 통해 그 문제와 같은 유형도 쉽게 풀 수 있는[1] 응용력을 기르려고 노력했습니다. 한 번 틀린 문제는 절대 다시 틀리지 않도록 하는[1] 철저한 반복 공부는[2] 수학의 중요한 '기초력'이 되었습니다.

문제점 분석

❶ 중3이라면 누구나 쓸 수 있는 공부법이다. 노트 정리, 개념 정리, 반복 공부…….

❷ '수학' 자리에 다른 과목을 넣어도 아무 문제가 없다. 과목별 차별성이 없기 때문에 개별적 특성도 드러나지 않는다.

사례 2

영어를 공부하면서 단어가 부족한 것 같다고 느껴 단어 공부를 하기[1] 로 결심했습니다. 그냥 단어 한 개로 외우는 것보다는 문장으로 외우[1] 면 더 좋을 것 같다고 생각하여 단어장을 보며 단어를 외우는 것 외 에도 일주일에 서너 개 정도씩 명언이나 속담을 외우면서[1] 영어 단어 를 학습했습니다. 그 결과 전보다는 문제 푸는 것이 수월해졌다고 느 끼게 되었습니다. 수학은 학원을 다녀[2] 미리 공부해놓은 것이 있었기 때문에 제 학년 문제를 푸는 데 다른 과목들에 비하여 크게 어려운 부분이 없었습니다. 평소 수업 시간에 집중해[3] 열심히 들었고 조금씩 부족하다고 생각되는 부분은 스스로 문제집을 풀면서[3] 보충했습니다. 그 외에 다른 과목들도 평소 수업 시간에 집중해 열심히 들었으며 교과서를 반복해 여러 번 읽어보면서[3] 부족한 부분은 문제를 풀어 보는 방법으로 공부하였고 잘 모르는 부분은 완전히 다 안다고 느낄 때까지 반복해 읽었습니다.

문제점 분석

❶ 단어 공부, 문장 외우기, 명언이나 속담 외우는 영어 공부법. 영어는 암기? 그래서 결론은 '문제를 푸는 것이 수월해졌다'다. 오직 문제를 풀기 위한 영어 공부였다는 인상을 준다.

❷ 학원에 다녀 사교육의 도움을 받았다는 이야기도 서슴없이 하고 있다. 이는 기재 금지사항이다.

❸ 수학을 비롯해 기타 다른 과목 공부법이 똑같다. 수업 시간에 집중하고, 교과서를 읽고, 부족한 부분은 문제집으로 다시 풀기. 전혀 차별성이 보이지 않는다.

이렇게 내신 공부법을 쓰다 보면 모두 비슷한 내용이 되어버린다. 공부법에도 나만의 특별한 방법을 찾는 노력을 해야 한다. 그래서 학생들은 그저 그런 내신 공부법이 아닌 자신만의 방법을 찾기 위해 골머리를 썩인다. 그 결과 공부법에 대한 내용을 다음과 같이 작성한다. 사례 3을 보자.

저는 중학교 1학년 때부터 과학탐구 동아리 부장을 맡아서 동아리의 모든 활동을 이끌었습니다. 친구들을 위해 실험을 계획하면서 선생님의 마음을 이해할 수 있게 되었습니다. 사실, 1학년 초반에는 과학을 어렵고 생소하게만 생각했는데 동아리 활동을 하면서 과학에 흥미가 생겨 성적도 자연스럽게 향상되었습니다. 또한, 아무리 어려운 일도 노력하고 서로 이끌어주면 더 큰 성취감을 맛볼 수 있다는 것을 깨닫게 되었습니다.

저는 항상 공부는 즐겁게 해야 한다고 생각합니다. 그래서 〈더 미들The middle〉이라는 미국 드라마를 보며 즐겁게 영어를 공부했습니다. 드라마는 미국 가족들의 생활을 보여주어 미국 문화를 이해할 수 있게 되었습니다. 드라마 특성상 일상적인 대화가 많이 나와 한국 교육에서 가장 부족한 회화를 공부할 수 있었습니다.

저는 수학을 좋아하는데 수학은 시간이 생명이라고 생각합니다. 그래서 타임오버라는 저만의 방법을 만들었습니다. 정해진 시간 동안 몇 문제를 풀었고 몇 문제를 맞혔는지 기록했습니다. 처음에는 시간에 집중하다 보니 틀리는 문제가 많았습니다. 하지만 계속 반복하다 보니 집중력도 높아지고 정해진 시간 안에 빠르고 정확하게 문제를 풀 수 있게 되었습니다.

❶ 과학, 영어, 수학을 나열하고 있다.

❷ 과학 동아리 부장인데, 동아리에서 어떤 활동을 했는지가 전혀 기술되어 있지 않다. 첫 번째 단락은 학업이라기보다는 인성에 관련된 내용에 가깝다.

❸ 영어 공부는 가장 흔한 취미인 미국 드라마 보기로, 수학은 시간 정해놓고 풀기로 공부했다고 학생 스스로 고민하여 적었지만 사실 중3이라면 누구나 생각할 수 있는, 그러면서도 효과는 그다지 보이지 않는 공부법을 쓰고 있다. 특히 수학에서 학생들은 '문제를 풀었다' 이외에 다른 방법이나 결과를 쓰기 어려워한다. 수학 공부에서 문제를 푸는 것 이외에 어떤 활동을 할 수 있는지 고민해보아야 한다. 무엇보다 가장 큰 문제는 우수한 학업 능력이 보이지 않는다는 점이다.

보편적인 내신 공부법을 쓰지 말자고 했더니 학생들은 개별적 특성이 드러난다고 생각하는 공부법을 쓰곤 한다. 그러나 여기에서도 역시 우수한 학업 능력은 드러나지 않는다. 왜냐하면 '관심분야'와 '탐구활동'이 없기 때문이다.

04

스스로 몸을 낮추기 : 낮은 성취도와 약점을 고백하는 경우

여러 가지 활동 내용을 적었는데도 학업에서 어떤 성취를 이루었는지가 드러나지 않는다거나, 활동 내용 자체의 수준이 낮거나, 아니면 자신의 약점을 그대로 적는 경우도 자기소개서의 완성도를 떨어뜨린다.

사례 1

《피타고라스가 들려주는 피타고라스의 정리 이야기》(백석윤)라는 책을 보고 피타고라스의 정리에 대하여 더 자세히 알고 싶어 **❶**문제를 풀기 시작했다. 처음에는 쉽게 풀었지만 가면 갈수록 입체도형에서 이용하는 **❷**피타고라스의 정리 문제와 대칭이동 문제 등 어려운 문제들이 많아 막히기 시작했다. 하지만 **❶**답지를 보고 문제의 풀이 방식을 알게 되었고 **❶**비슷한 문제를 풀어봄으로써 그 유형의 문제를 잘 풀어낼 수 있게 되었다. 그리고 다른 유형의 문제들도 이런 방식으로 풀어 쉽게 문제를 풀 수 있었다.

❶ 문제 풀기, 어려운 문제가 나와 답지를 봄, 비슷한 문제를 풀었고 다른 유형의 문제도 비슷한 방식으로 풀었다는 것이 주 내용이다. 차별성이 없는 공부법만 나열하여 구체적인 성취가 드러나지 않았다.

❷ '피타고라스'라는 포인트를 잡아내긴 했는데 그 공부법은 쉽게 말하면 '답지를 보고'이다. 수학과 관련한 우수한 학업 능력이 전혀 보이지 않는다.

사례 2

과학 탐구 토론 대회 우리 조의 주제는 '음료수의 성분에 따른 식물의 성장'이었다. ❶콜라, 오렌지 주스, 우유, 물 등의 동일한 양의 음료수를 식물에 주어 변화를 관찰하였다. (중략) 도서실에서 생물학 관련 책을 찾다가 잡지 《과학소년》에서 '역삼투 현상에 따른 양배추의 변화'라는 기사를 보게 되었다. (중략) ❷과학과 다르게 나는 유독 언어 영역에 약했다. 특히 영어 성적이 상대적으로 낮았었는데, 독해가 되지 않기 때문이라 생각하고 ❷무턱대고 독해 문제집을 풀었었다. (중략) 나는 또 단어장을 펼쳐 무턱대고 무리해서 외웠지만, 시간이 지나면 외웠던 단어는 잊혔고 그 부분에 대해 인터넷을 검색해 경선식의 강의를 듣던 도중 [3] 'spoil(망치다)'이라는 단어를 '숲oil(기름), 즉 숲이 기름으로 뒤덮여 망하다'라는 식의 암기 방식이 인상 깊어 영어 공부에 활용했다. 이러한 연상기억법이 독해력 향상에 큰 도움이 되었다.

문제점 분석

❶ 나름대로 본인만의 활동 중심으로 열심히 썼지만, 실험의 수준이나 참고한 책이 특목고 자기소개서에 쓰기 민망할 정도로 낮은 수준이다.

❷ 언어가 약하다는 약점을 노출했다. '무턱대고'는 '아무런 계획 없이 시키는 대로'라는 뜻이다. 너무 솔직한 자기소개서이다.

❸ 영어 공부법에서도 우수성을 찾아볼 수 있기는커녕 학생의 영어 실력이 낮다는 약점을 의미 없이 노출했다.

동아리 활동을 했다고 해서 무조건 가산점이 붙는 것은 아니다. 동아리 활동의 수준이 중요하다. 동아리에서 뛰어난 학업 능력을 나타낼 수 있는 심도 있는 활동이 필요하다.

05

과정 없는 결과 : 신뢰를 떨어뜨린다

결과만을 나열하는 것은 자기소개서를 잘못 이해한 탓이다. 입학 사정관을 설득하기 위해서는 결과에 이르는 과정을 보여줌으로써, 읽는 사람이 스스로 학생의 우수함을 느끼도록 해야 한다. 다음은 과정보다 결과를 중심으로 쓰는 실수를 범한 사례다.

사례

3학년 1학기 학습부장으로서 개인적인 일과는 잠시 미루고 [1]친구들이 어려워하는 부분을 그 친구의 입장에서 최대한 자세하게 설명하려고 노력했다. 그 결과 우리 반은 기말고사에서 [2]9개 반 중 1등이 되었고, 내가 가르친 친구들 또한 [2]좋은 성적을 거두었다. 이러한 과정들을 통하여, [3]협력하고 배려했을 때, 그리고 [3]책임감 있게 임하면 다른 사람 또한 [3]최선을 다하여 [3]좋은 결과를 얻을 수 있고, 그 결과는 더욱³<u>값지고 뿌듯</u>하다는 것을 깨달았다.

문제점 분석

❶ 인성에 관해 서술한 학생이다. 친구들이 학습에서 어떤 부분을 어려워했는지, 본인이 어떻게 가르쳤는지 드러나지 않는다. 1등과 좋은 성적이라는 결과만 나올 뿐이다.

❷ 여기에 이르는 과정에 대한 이야기는 '최대한 자세하게 설명'해 가르쳤다는 것이 전부다. 그 결과 뒤에 이어지는 느낀 점에 전혀 공감되지 않는다. 이 학생은 1등이 아니라면 어떤 노력을 했건 헛되다고 생각할 수도 있겠다는 인상마저 준다.

❸ 두 번째로 큰 문제는 '협력, 배려, 책임감, 최선, 좋은 결과, 값지고 뿌듯하다' 등 추상적인 단어를 나열하여 자기소개서에서 요구하는 문항을 그대로 베껴 쓰고 있다는 점이다. 다른 사람을 배려하는 사람이라는 것은 사례를 통해 '보여주기'로 드러내야지 스스로 배려하고 있다고 설명해봐야 누구도 설득할 수 없다.

06 끼워 맞춘 이야기 : 인과관계나 연결성이 보이지 않는다

여기저기에서 스토리텔링 이야기를 많이 하는데 정확히 무슨 뜻인지 언뜻 와 닿지 않는다. 스토리텔링이 무엇일까? 아래 사례를 보자.

사례

○○○○ 동아리에서 교육청에서 주최하는 "○○○ ○○" 교육을 통해 1년 동안 **①**주변 산과 공원의 생태를 관찰하고 강의를 들을 수 있는 기회가 주어졌습니다. 식물들을 자세히 관찰하고 주변 내천에 가서 수질 검사도 했습니다. (중략) **①**환경에 대한 관심을 갖게 되었고, 구체적으로 **①**신재생 에너지 연구원이라는 꿈을 가지게 된 동기는 두 가지입니다.

학교에 낸 **①**폐식용유를 가지고 바이오디젤 공장을 견학했습니다. 교수님이 직접 얘기해주시는 원리를 들으며 우리 생활에 공존하는 원료들을 이용해 환경오염을 막고 친환경적인 미래를 일궈나갈 수 있다는 것이 인상 깊었습니다. 또한, ○○○에 가서 **①**그린에너지에 대한 실험을 할 수 있는 기회를 가졌었는데……(중략).

①독거 어르신 봉사활동으로, 당뇨로 인해 거동이 불편하신 할머니를 도와드렸습니다. (중략) 집에서 **②**테드 강의와 CNN 방송을 들으며 일상생활 속에서 영어를 접했으나 다른 아이들과 영어로 생각을 나눌 수 있는 시간이 부족하다 생각했습니다. 그래서 **②**CNN 청취반을 선생님과 함께 개설하고 10명의 아이들과 함께 영어로 뉴스와 강연 등을 듣고 배경지식을 쌓아갔습니다.

문제점 분석

❶ 굉장히 많은 활동을 한 것처럼 보이지만 이 학생 역시 '나열'식에 그치고 있다. 특히 환경 관련 동아리 활동은 '신재생 에너지 연구원'이라는 꿈으로 이어지는 것처럼 보이지만 끼워 맞추기처럼 느껴지기도 한다. 본인은 이 동아리 활동에 그다지 적극적으로 참여하지 않았을 것 같다는 생각이 들 정도로 인과관계가 부족하다.

❷ CNN 청취반을 선생님과 함께 개설하고 활동한 것은 좋으나 그래서 무엇을 하였는지를 구체적으로 써야 한다. 영어로 뉴스와 강연을 듣고 배경 지식을 쌓아갔다는 것은 이 동아리 활동을 하지 않아도 누구나 쓸 수 있는 이야기다. 본인만의 개성 있는 활동이 필요하다.

세 가지 활동을 주로 썼는데, '인성'을 제외한 나머지 학습 과정과 동기는 하나로 연결이 되어야 한다. 활동에서 인과관계가 보여야 한다는 것이다.

5장

합격으로
가는
자기소개서 쓰기

01
합격의 문을 여는
자기소개서란?

앞에서 자기소개서에서 저지르기 쉬운 실수와 피해야 할 표현이 담긴 다양한 사례를 살펴보았다. 그렇다면 어떻게 써야 합격의 문을 여는 훌륭한 자기소개서를 쓸 수 있을까?

첫째, 다양한 면접 질문을 뽑아낼 수 있는 자기소개서가 좋은 자기소개서다. '이 학생을 만나고 싶어!'라는 느낌이 들게 해야 한다는 것이다. 그러려면 비슷비슷한 자기소개서들 중에서 눈에 띄어야 한다. 입학사정관들은 미리 서류를 통해서 심층 개별 면접을 할 학생을 점찍어놓고 다양한 질문을 준비해둔다. 하지만 자기소개서가 평범하면 물어볼 것이 없다. 애초부터 자기소개서에 깊이 있는 면접 소스가 없는 것이다.

둘째, 학생의 개성 있는 공부, 즉 특별한 활동이 필요하다. 사실 교육부에서 제시한 기재 금지사항이 너무나 많아서 거의 모든 대회와

시험 관련 내용을 쓸 수 없으므로 쉽지는 않은 일이다. 그런 가운데 학생의 학업 능력을 보여줄 수 있는 가장 좋은, 또는 유일한 사례는 바로 개성 있는 학업 활동이다.

셋째, 객관성이다. 주관적인 평가 내용은 믿지 않는다. 내가 어떤 사람인지, 얼마나 공부를 잘하는지, 학업을 향한 열정과 의지가 얼마나 큰지, 리더십이 얼마나 뛰어나 교우 관계가 얼마나 원만한지를 나타내기 위해서는 중학교 활동 중에서 객관적인 근거 자료를 바탕으로 입증해야 한다.

넷째, 입장을 바꿔 생각해보는 것이다. 내가 입학사정관이라면 어떤 글을 읽고 싶을까? 학생과 학부모는 내가 쓴 자기소개서에 심혈을 기울이고 내 것만 본다. 하지만 입학사정관처럼 몇백 장의 자기소개서를 읽는다고 생각해 보라. 남들과 같아서는 절대 치열한 경쟁을 뚫을 수 없다.

02 우수한 자기소개서를 위해 필요한 소재 찾기

우수한 학업 능력을 보여주는 자기소개서를 쓰는 과정에서 가장 어려운 점 하나는 '소재찾기'다. 쓸거리가 없다고 하는 학생이 많은데 3년간의 학교 생활을 돌이켜보고, 학교생활기록부를 꼼꼼히 살펴보며 '쓸거리'를 찾아보도록 하자.

1 진로 & 학업 관련 동아리가 필요하다

소논문을 쓰고 프로젝트 활동을 했다고 하더라도 나 혼자 해서는 입증할 자료가 되지 못한다. 신뢰성을 위해서라도 학업 활동이 학교생활기록부에 기록되는 것이 중요하다. 하지만 담임선생님이나 과목별 선생님께서 모든 내용을 무작정 기록해주는 것이 아니기 때문에 동아리 활동에 녹여서 기록될 수 있도록 해야 한다. 그 기록을 바탕으로 앞뒤 내용을 덧붙여 자기소개서를 쓰는 것이다.

2 적극적인 동아리 활동

동아리를 만들었다고 끝난 것이 아니다. 그 동아리에서 내가 우수한 활동을 하는 것이 중요하다. 토론 동아리만 해도 수없이 많다. 문제는 토론 동아리를 만드는 것이 아니라 그 동아리에서 실제로 이루어지는 토론의 주제가 얼마나 수준 높고 학생이 깊이 있게 토론을 준비했는지다.

3 활동의 우수성과 객관적 평가

수학 심화반에서 단순히 문제를 풀기만 했다면 심화 문제라고 해도 아무 의미가 없다. 수준 높은 산출물이 나와야 한다. 그리고 그것과 관련하여 객관적인 평가가 뒷받침되어야 자기소개서가 진실성을 가지게 된다.

4 동아리가 없다면 수행평가나 프로젝트 수업 등 세부 능력 및 특기사항 활용

학교 사정에 따라 동아리를 만들기 어려울 수도 있다. 그럴 때는 수업 시간에 이루어지는 수행평가나 프로젝트 수업을 활용하면 된다. 나의 진로와 관련 있는, 또는 뛰어난 학업 능력을 드러낼 수 있는 수행평가나 프로젝트 수업을 활용하여 우수한 산출물을 제출했고, 그것이 학교생활기록부에 기록된다면 자기소개서 소재로 적합하다.

5 그런 수업마저 없다면 독서 활용

역시 학교 사정에 따라 수행평가나 프로젝트 수업이 미비할 수도 있다. 그렇다면 '독서활동 상황'란을 이용해보자. 결과물을 내려면 당연히 독서가 필수다. 어떤 책을 읽고 호기심이 생겨 탐구한 후 결과물을 제출했는데, 그것이 독서활동에 기록된다면 역시 자기소개서의 소재로 적합하다. 특히 세부 능력 및 특기사항이 입시에 반영되지 않는 외고 지망생들이 전략적으로 택할 수 있는 방법이다.

학생부 기록

| 독서활동 상황

과학(1학기) 우리 역사와 더불어 과학에도 관심이 많음. 《우리 과학의 수수께끼》(신동원), 《우리 역사 과학기행》(문중양), 《역사가 새겨진 나무 이야기》(박상진), 《현산어보를 찾아서》(이태원) 등을 읽고 그동안 잘 알려지지 않았던 우리 선조들의 과학적 우수성에 대해 보고서를 제출하고, 과학사 동호회를 만들어 활동함.

과학(2학기) 동물, 특히 동물생태학에 대한 관심이 높음. 《솔로몬 왕의 반지》(콘라드 로렌츠), 《인간의 그늘에서》(제인 구달), 《동물에게 귀 기울이기》(이덕열, 마크 베코프) 등을 읽고 동물과 인간의 유사성 및 인간의 특성에 대해 분석적이고 독창적인 감상문을 씀.

물리I(2학기) 물리의 기본 개념에 대해 관심이 많음. 《최무영 교수의 물리학 강의》(최무영), 《생활 속의 물리이야기》(김상수)를 읽고 우리 주변의 다양한 물리법칙을 보고서로 작성하여 제출함.

공통(1학기) 영웅 이야기와 신화의 세계에 관심이 많음. 《그리스 로마 신화》(이윤기), 《우리 신화의 수수께끼》(조현설), 《천의 얼굴을 가진 영웅》(조지프 캠벨) 등을 읽고, 영웅 이야기의 구조와 우리 신화가 한국인의 의식 형성에 미친 영향에 대해 보고서를 작성하고 발표함.

03 소재가 준비되었다면 연결 고리와 의미를 찾아라

각각의 소재가 하나의 스토리로 연결되어야만 진정성을 얻을 수 있다. 자기소개서가 거짓말이 아닌 진실임을 드러내기 위해서 필요한 것들은 유기성, 계기가 얼마나 진실한가, 활동의 구체적인 내용과 나의 역할, 다른 학생과의 차별점 등이다.

1 각각의 활동이 나열로 그치지 않도록 유기적으로 연결하기

나열은 진정성을 잃게 할뿐더러 깊이가 없다. 활동을 적되, 되도록 그 활동이 연결되게 하는 것이 중요하다.

2 활동 계기와 의미를 생각하기

내가 왜 이 활동을 했는지도 중요한 요소다. 학원에 다녀서, 학교에서 시켜서, 영재반이기 때문에 활동했다고 써서는 곤란하다. 구체적으로 '무엇 때문에'를 명확히 밝혀야 능동적으로 참여했다는 사실이 드러나고 남들과 다른 자신만의 의미를 찾을 수 있을 것이다.

3 자신이 어떤 역할을 했는지 확실히 드러낼 것

특목고에서 가장 경계하는 것 중 하나는 지원자가 우수한 팀 프로젝트 활동에 '무임승차'하지 않았나 하는 점이다. 그저 동아리에 잘 들어가고 조원들을 잘 만나 좋은 결과를 얻었다고 생각할 수도 있기 때문에, 내가 이 활동에서 어떤 역할을 주도적으로 이끌었는지를 명시해야 한다.

4 뛰어난 학업 능력을 드러낼 방법 찾기

수많은 비슷비슷한 활동 중에서 나의 뛰어난 학업 능력을 도드라지게 드러낼 방법을 찾아야 한다. 활동 내용을 그대로 쓴다고 우수함이 저절로 돋보이는 것은 아니다. 가장 깊이 고민해야 할 문제다.

5 차별화를 고민할 것

아무리 훌륭한 자기소개서라도 다른 학생이 쓴 자기소개서와 비교가 될 수밖에 없다. 그러므로 다른 지원자와 차별화된 전략이 필요하다. 자신이 쓴 자기소개서에만 빠져 있으면 해결할 수 없는 문제다.

자기소개서를 쓸 때 반드시 지켜야 하는 사항들

1 기재 금지사항을 반드시 확인할 것

가장 기본적인 사항이지만 방심하거나 사소하게 여기면 0점을 받을 수도 있다. 매뉴얼을 꼼꼼히 살피고 지원 요강을 잘 읽어보자.

2 맞춤법, 띄어쓰기, 비문, 오자 철저히 검수할 것

서울대 자기소개서 심사에서는 오자가 나오는 순간 탈락이라는 말이 있다. 수백 번을 고치는 것이 자기소개서이기 때문에 오자나 비문이 있거나 맞춤법이 틀렸다는 것은 최소한의 성의도 보이지 않았다는 뜻으로 읽힐 수 있다.

3 평가나 결과가 주관적이지 않은지 점검할 것

나도 모르게 활동에 대한 주관적인 평가나 결과를 쓸 수 있다. 주관적인 평가는 입학사정관이 믿지 않으므로 글자 수 낭비이고, 주관적인 결과를 쓰는 것은 오해를 살 수 있다.

4 추상적인 단어나 부사어 최대한 삭제할 것

3번과 연결된다. 추상적인 단어로 기술한 내용 역시 신뢰하지 않는다. '꿈, 희망, 보람, 뿌듯함, 열정, 의지, 노력, 최선' 이런 단어들은 의미가 없다. 부사어란 동사와 형용사를 수식하는 말로 '너무, 매우,

잘, 열심히, 꼭, 반드시' 같은 단어들이다. 역시 불필요한 단어이며 글자 수 낭비다. 이런 단어들을 모두 지우고 최대한 객관적인 활동들만 남기도록 하자.

5 같은 말을 반복하고 있지 않은지 점검할 것

의도하지 않더라도 같은 내용이나 어휘를 반복할 수 있다. 여러 번 읽어보고 앞에서 한 이야기를 다시 하고 있지 않은지 점검해야 한다. 다른 말로 바꾸어 썼더라도 결론이 같은 내용이라면 그 역시 낭비이자 감점 요인이다. 몇 번이고 다시 읽어서 체크해야 한다.

04 우수한 자기소개서 사례 분석

우수한 자기소개서를 보는 것만으로도 공부가 된다. 여기 두 가지 사례를 분석해보면서 어떤 점이 뛰어난지 체크해보자.

사례 1

학습과정은 교과 내용을 확장하는 탐구를 즐김. 과학 교과서에 나오는 개념체계도를 만드신 김영수 교수님의 강의를 듣고 개념체계도가 복잡한 자연현상의 전체 흐름을 읽는 데 효과적이라 생각해 과학 공부 및 탐구에 적용. 자외선 피해가 심한 여름, 피부 트러블을 일으키는 기존 자외선차단제 대신 해조류 자외선차단제가 나왔다는 기사를 읽고 직접 만들기 위해 9개월간 실험. 논문 〈자외선과 온도변화에 의한 해조류의 산화적 손상에 대한 항산화계의 역할〉을 읽고 해조류의 자외선투과도를 알아보는 실험을 하기 위해 실험기구를 만들고 해조류 분말의 자외선투과도 측정. 자외선차단물질이 해조류 자체인지 해조류 내부의 성분물질인지 알아보기 위해 화장품을 개발한 연구팀에 문의하여 자외선차단물질이 성분물질 Biomass201F라는 팁을 얻을 수 있었음. 한국해조류학회를 통해 이 성분물질이 수용성이라는 것을 알게 되어 해조류에서 추출해 탐구를 진행할 수 있었음. 실험기구 성능 평가한 가실험을 통해 해조류의 자외선투과도를 알아본 본 실험들의 관계를 해석해 결론을 내는 효과적 탐구방법을 이 실험에서 알 수 있었음.

우수성 분석

❶ 글이 산만하지 않고 짜임새가 있다. 나만의 공부법 → 그 사례(연구 활동) → 느낀 점에 이르는 인과관계가 명확하기 때문에 무엇을 말하고자 하는지 금세 눈에 들어온다.

❷ 탐구 활동에서 공부를 향한 적극성과 뛰어난 학업 능력이 보인다.

❸ 수준 높은 탐구 과정을 어필했고, 더불어 '더 알고자 하는 열정'이 엿보인다.

　A. 계기 : 기사를 읽고

　B. 실험 과정 : 논문, 실험기구 만들기, 실험, 연구팀에 의문점 문의, 해결, 탐구 진행

즉 기사를 읽은 후 호기심이 생겨 9개월간 실험을 진행한 점, 논문을 읽고 화장품을 개발한 연구팀에 문의하고 한국해조류학회를 통해

알고 싶은 것을 적극적으로 찾아본 점, 실험기구를 만든 점 등에서 공부하고자 하는 열정이 드러난다.

사례 2

학교 토론 시간에 '심야학습금지법'에 대한 찬반토론을 했을 때 학생의 기본권 보호라는 찬성의 입장에서 논거를 찾다 보니 실질적인 학생인권보호규범에 대해 탐구하고 싶었다. 그래서 법조인이 꿈인 친구들과 함께 '학생인권조례의 문제점들을 파악하고 청소년 인권 신장을 위한 구체적인 해결 방안을 모색한다'는 목적을 가지고 연구했다. 우리는 찬반 논란 조사와 조례별 한계 분석, 참고자료 조사로 역할을 분담하였다. 나는 조례 내용 분석을 위해 국가법령정보센터에서 경기도학생인권조례를 보고 송기춘, 정순원, 조국 교수의 논문과 한국정책연구원에서 〈아동청소년 인권 실태 조사〉를 참고하여 조례의 한계를 분석했다. 조사한 자료들과 분석 내용을 모아 그 적절성에 대해 토의했고, 그것을 바탕으로 해결 방안을 도출하여 〈청소년 인권 신장을 위한 경기도학생인권조례의 한계와 해결 방안에 관한 연구〉라는 소논문을 완성했다. 가장 큰 문제였던 '조례 자체의 구체성 부족'은 구체적인 해석과 적절한 행동 방안을 제시해야 한다는 해결 방안을 도출하며 학생인권조례 개정의 필요성을 느꼈다. 논문 작성 중, 국가가 왜 법과 제도를 제정하는지에 대한 의문이 생겨 인터넷 사이트에서 펜실베이니아 대학U.Penn의 알렉산더Alexander 교수가 강의

하는 '법·정치 철학 개론An Introduction to legal & political philosophy'을 찾아 수강했다. 국가가 정치체계 운영을 통해 국민의 기본권을 보장한다는 것과 여러 정치 철학자들의 견해를 배웠고, 그중 토마스 홉스의 이론이 인상적이어서 그의 이론에 대해 심도 있게 조사해보았다. 이런 진로 활동들을 통해 교과에서 배운 내용을 심화하여 학습하는 방법을 다른 교과목에도 적용하였다. 특히 수학에서 이차방정식 근 풀이에 흥미를 느껴 고차방정식 근 유도에 도움이 되는 점화식을 사용하여 실근을 근사시키는 뉴턴-랩슨 해법과, 함수가 연속일 때 근의 유무에 대해 알 수 있는 사잇값 정리에 대한 학습을 하면서 심화 문제 접근에 대한 자신감을 키웠다.

우수성 분석

이 학생의 자기소개서는 굳이 분석하지 않아도 '잘 썼다!'라는 느낌이 든다. 그 이유를 하나하나 살펴보자.

❶ 전공 적합성이 뛰어나다. 장래희망이 법조인이기에 법 관련 사례를 선택해서 탐구했다.

❷ 소논문 활동으로 우수한 학업 능력, 공부를 향한 열정, 의지가 드러난다.

❸ 인과관계가 매우 단단하고 짜임새가 있다.

   A. 교내 찬반 토론

   B. 소논문 작성(친구들과 협력-집단 창의성, 논문 분석, 토의, 해결

방안 도출)

C. 정치 철학에 대한 궁금증으로 영어 강의 수강

D. 이런 심화 학습법을 수학에 적용

❹ A가 계기가 되어 B를 하고, B가 다시 계기가 되어 C를 하며, 이 모든 활동에서 배운 것을 다시 D에 적용하고 있다. 즉 일반적으로 다른 학생들은 활동들의 연결 고리를 찾기가 힘들고 학업의 계기가 일차원적인 데 비해, 이 학생은 모든 활동들이 서로 유기적으로 연결되어 있어 완성된 모습을 갖추고 있는 것이다. 게다가 모든 활동들의 계기가 '학업'에 대한 탐구심이라는 점이 이 자기소개서를 돋보이게 한다. 학업이 계기가 되어 또 다른 학업을 하고 그 학업이 계기가 되어 또 다른 학업을 하는 연쇄적인 반응이 일어나면서 깊이를 더하고 있다. 물론 자기소개서에서 모든 활동이 반드시 연결될 필요는 없지만 이런 인과관계가 있다면 훨씬 더 깊이 있고 진정성 있게 보일 수밖에 없다는 점을 명심하자.

05

입학사정관들이 말하는 자기소개서의 핵심

학교 관계자가 원하는, 100퍼센트 합격하는 자기소개서의 비밀은 '학교생활기록부와 연계된 우수한 학업 능력'에 있다. 자기소개서가 아니라 '자기소설서'라는 말이 나올 만큼 부풀려 쓰는 경우가 많기 때문에 자기소개서의 객관적인 근거와 신뢰성이 중시되고 있기 때문이다. 어학 인증시험 점수, 전교 등수, 대회 입상 실적 같은 내용은 쓸 수 없기 때문에, 이런 자료 없이도 뛰어난 학업 능력을 드러낼 방법을 고민해야 한다. 다음 내용은 각 학교 입학사정관들이 말하는 자기소개서 작성에 대한 핵심 내용이다.

1 입학사정관들이 공통적으로 이야기하는 것들

❶ 국어, 영어, 수학 공부 위주로 쓰지 마라.

❷ 학업 역량을 드러내는 활동을 중심 내용으로 써라.

❸ 대학 수시, 특목고, 자사고 입학을 위해서는 초등 고학년부터 학업 관련 활동들을 해야 한다. (미리 진로를 정하고 전공 적합성을 키워야 한다는 뜻이다.)

❹ 서류 준비가 잘되었어도 면접에서 잘 대응하지 못해 서류의 진정성에 의심이 가는 학생들은 불합격했다.

❺ 자기소개서가 뛰어나고 면접을 잘했는데 떨어진 이유는 학교생활기록부가 부족했기 때문이다.

❻ 중학교 학교생활기록부에 신경 써야 입시에 절대적으로 유리하다.

❼ 기재 금지사항(선행, 경시, 영재교육원 등)을 언급하거나 우회적으로 쓴 학생은 모두 떨어졌다.

2 외대부고 관계자 설명회 내용

❶ 국어, 영어, 수학 공부한 내용만 있고 그 외에 학업적 활동을 쓴 학생이 거의 없었다. 합격을 위해서는 반드시 학업적 활동을 해야 한다. 소논문을 쓴 학생은 고득점을 얻었다.

❷ 외대부고 입시는 서울대 입시와 연계되어 있다고 보면 된다. 서울대에서 학생을 선발하는 주요 포인트를 외대부고도 중점적으로 본다. 서울대가 선발에서 중점적으로 보는 부분은 '학교생활기록부 종합전형'이다. 공부하려는 열정과 의지를 보여줄 수 있는 학습 동아리 활동, 학습 프로젝트 활동, 소논문 산출 등을 하는 학생이 서울대 입시에 유리하고, 자연히 외대부고 입시에서도

유리하다.

❸ 인성 영역은 500자 이하로 쓰는데 300자 이하도 무방하다. 경험을 쓰는 게 중요하지 "친구들 간의 불화를 조정했다"라는 식의 추상적인 서술은 점수를 받지 못한다.

❹ 외대부고는 자기소개서 작성 시 앞에 번호를 붙여가며 짧게 끊어서 중요한 요점이나 단어를 나열하는 방식인 개조식을 권유한다. 이는 정해진 글자 수 안에 최대한 많은 이야기를 담게 하기 위해서다.

3 외고, 국제고 관계자 인터뷰 내용

❶ 대원외고는 자기주도학습 과정 영역이 500자여서 우수한 학업 능력을 드러낼 수 있는 분량이 매우 적다. 가장 중요한 것은 학교 생활기록부 관리다.

❷ 자기주도학습 영역에서는 꿈과 끼가 본인의 희망진로와 잘 연결되는지, 목표를 위한 활동이 잘 드러나는지를 체크한다. 그러자면 소논문 활동, 프로젝트 활동 등을 녹여야 한다. 또한 영어만 열심히 했다고 자기소개서에 적으면 '다른 부분은 부족하니까 적을 수 없었구나'라고 판단할 수 있으니 한 과목만 적어서는 절대 안 된다. 자기소개서 작성은 3월부터 해야 한다고 본다.

❸ 자기주도학습 영역에 기재 금지사항을 적어서는 안 된다. 금지사항 하나당 0.1점씩 감점하는데 0.1점은 당락을 결정할 수 있는 점

수다. 공인인증시험 성적을 적으면 0점 처리된다.

❹ 대원외고를 제외한 다른 외고, 국제고는 작년과 동일하게 자기주 도 학습과정을 1000자 정도로 쓰게 하므로 가장 중요하다고 볼 수 있다. 반드시 객관적으로 확인할 수 있는 내용만 써야 한다.

❺ 학생부와 연계성이 중요하므로 창의적체험활동이나 독서활동에 있는 소논문, 보고서, 독후감, 논술, 글쓰기 등의 키워드를 갖고 연계해서 쓰는 것이 좋다.

❻ "전교 1등이다" "미적분을 공부했다" 하는 식으로 등수를 드러내 거나 선행학습 내용을 지나치게 드러내는 것은 교육부에서 제재 하고 있으며 의미도 없다고 본다. 확인할 수 있으면서 질문할 거 리가 있는 자기소개서를 써라.

❼ 독서토론 동아리 등에서 했던 토론 내용을 언급하면서 자신의 생 각의 깊이를 나타내는 것이 좋고, 책에 대한 서평이나 분석을 하 는 내용도 좋다. 암기력이 아니라 분석력이 중요하다.

❽ 수학은 어필을 해도 좋으나 스토리에서 하나의 내용으로 깊게 들 어가 국어, 영어, 수학, 사회를 녹이는 것이 좋다. 과학은 어필해 도 중요하게 보지는 않는다.

❾ 자기소개서에 구사하는 어휘력을 보면 학생의 수준을 알 수 있 다. 이를 통해 이해력, 독해력, 분석력을 같이 평가할 수 있으니 너무 어린아이 같은 어휘는 삼가하는 것이 좋다.

06

학생부는 결과물, 자기소개서는 설명, 면접은 확인이다

이번에는 합격을 위한 학교생활기록부, 자기소개서, 면접이 어떤 식으로 연계되는지를 사례를 통해 보여줄 것이다. 자기소개서는 학교생활기록부와의 연계성이 가장 중요하며, 학교생활기록에 나타난 활동 및 과정을 포함하여 구체적으로 적는 것이 핵심이다.

1 다양한 활동을 적극적으로 실천한 경우

학생부 기록

| 세부 능력 및 특기사항

도덕 : 이성적, 논리적 사고과정의 중요성을 데카르트 사상과 연결하여 훌륭하게 설명하는 〈도덕신문〉을 작성하였으며, 생활 속에서 실천한 도덕 덕목을 선행일기에 꾸준히 기록하여 내적

인 성숙을 이루었음.

| 동아리 활동

Math Lovers(자율동아리) : 통계에 대한 관심을 갖고 전교생을 대상으로 설문지를 만들어 '우리 학교 학생들의 필기구 활용도'와 '다색볼펜 사용 실태'를 조사했음. 이 자료들을 정리 분석하여 통계를 내고 표와 그래프를 만들어보았으며 통계 포스터를 산출물로 만듦. 또한 통계 활동 포스터 제작을 위한 설문조사에서 통계의 오류를 깨닫게 되어 이를 계기로 통계의 오류에 대한 비판적인 시각을 담은 책《새빨간 거짓말, 통계》(대럴 허프 지음)를 읽고 감상문을 씀. (후략)

테드TED(자율동아리) : 회칙을 정하여 동아리가 효율적으로 운영되도록 하고 진학진로체험을 위하여 특목고 방문을 주도적으로 진행하였으며 쇼핑호스트, 번역가를 초청하여 강연회를 개최함. 청소년수련관과 연계하여 국제교류를 추진하고 이웃을 돕고자 모금 활동을 함. 원활한 토의와 토론을 위하여 3:3 의회식 토론을 시도하고 특히 인권과 자원봉사와 관련된 테드를 발표하여 부원들과 의견을 나눔.

철학 공부 : 도덕수업 후 관심이 생긴 《소크라테스의 변명》을 읽은 뒤 소크라테스의 사상을 깊이 있게 이해하기 위해 *The Philosophy Book*을 읽기 시작. 이후 데카르트의 이원론에 깊은 인상을 받고 데카르트의 사상과 내 의견을 정리, 블로그에 올리고 학교 〈도덕신문〉에도 기사 게재. 이후 다른 분야에도 관심이 생겨 서울대학교 강의 '철학의 이해'를 신청하여 들음.

데카르트 사상에 관해 쓴 기사가 〈도덕신문〉에 실린 과정을 독서활동을 바탕으로 하여 전반부에 서술했다. 학생기록부에도 기록되어 있으므로 더욱 신뢰가 간다. 그 이후 활동인 서울대학교 강의 청강을 뒤에 연결하여 더 구체적으로 서술하였다.

통계 공부 : 'Math Lovers' 동아리 활동으로 전교생 대상 설문조사 실시, 표본 선정, 그래프 제작, 대푯값 설정 등에서 통계가 왜곡될 수 있다고 느낌. 이후 《새빨간 거짓말, 통계》라는 책을 읽고 통계가 강력한 근거가 될 수 있지만 무조건 신뢰해서는 안 되는 양면성을 가진다는 것을 깨달음. '군 가산점제' 토론에서 상대편의 통계자료가 표본선정의 오류를 범하고 있다는 것을 알고 반박.

내가 만든 테드 동아리 : 모든 부원에게 역할을 부여하고 부원들의 브레인스토밍을 유도하여 초청강연, 강연발표, 시청 후 토론, 모금 활동 등 다양한 프로그램을 도입, 저조한 출석률을 극복하고 지역 동아리로 승격. 강연 자막의 질에 따라 부원들의 강연 이해도가 달라지는 것을 보고 부원들과 테드 번역 팀에 가입, 'Rethink Before You Type' 편을 번역. 미국 경험과 탈북자 테드 강연에 영감을 얻어 "South Korean? Just Korean!"이라는 에세이 작성.

 동아리 활동을 자기소개서의 소재로 삼아 뛰어난 학업 능력을 드러내는 것에 초점을 맞추어 구체적으로 설명했다. 특히 테드 동아리에 관한 기술은 학생부에 기록된 활동 이외의 활동을 상세하게 보여주는 동시에 학업 능력으로 연결하여 다양한 활동을 적극적으로 실천한 우수한 학생임을 보여준다.

면접 문항

❶ 데카르트의 이원론을 설명해보고 어디에서 깊은 인상을 받았는지 말해보세요.

❷ 표본선정의 기준이 무엇이어야 한다고 생각하나요?

면접 문제가 결코 만만치 않음을 알 수 있다. 다음에 이어지는 사례도 비슷한 패턴이라 볼 수 있다.

2 독서를 통해 스스로 심화학습을 한 경우

| 독서 활동

《분노의 숫자》(새로운 사회를 여는 연구원)를 읽고 대한민국의 사회 전반에 드러나는 여러 가지 불평등을 객관적인 수치를 통해 이해함. 특히 여성 노동자와 고령 노동자의 불평등 문제에 주목하여 관련 자료들을 탐구함으로써 불평등을 해석하는 다양한 관점이 존재함을 알게 됨.

| 동아리 활동

구일집 탐구반(자율동아리) : 우리 전통 수학을 체계적으로 번역하여 현대적인 관점에서 해결하는 프로젝트 활동에 적극 참여하였으며 특히 조선시대 도형 문제에 흥미를 느낌.

《분노의 숫자》를 통해 우리나라가 선진국 수준으로 번영했는데도 많은 사람들이 경제적으로 불평등을 겪고 있음을 객관적인 수치로 이해하였다. 여성 노동자의 불평등, 노후를 보장받지 못하는 노인들의 불평등에 주목하여 관련 기사들을 정리하였고, 시사토론반에서 육

아휴직과 임금피크제에 관한 자료를 활용해 토론하며 불평등을 해석하는 다양한 관점을 배웠다. (중략)

구일집 탐구반에서 조선시대 수학을 접하며 그 시대의 수학 단위, 분수의 개념, 도형의 명칭 등을 공부하였다. 현대 수학의 원리를 사용하여 문제를 풀었는데, 그중에서도 삼각형의 닮음을 이용하여 섬 사이의 거리를 구하는 '망해도법'을 통해 수학이 우리 선조들의 실생활에 적용되는 과정을 보고 수학의 실용성을 배웠다. 동아리 모임에서는 당시의 풀이법과 현대 수학의 풀이를 비교해 발표하였고, 문제에서 처음 접한 수학 용어를 조사하여 공유하였다. 또한 풀이에 어려움을 겪었던 문제를 다른 부원들과 토의하며 방법을 찾았다. 이렇게 함께 수학 프로젝트를 완성해나가면서 협력적 학습의 중요성을 깨달았다.

면접 문항

❶ 책 《분노의 숫자》를 통해서 알게 된 불평등을 설명하고 해결 방안을 구체적으로 설명하세요.

❷ 구일집 탐구를 통해서 알게 된 현대 수학과 조선 수학의 차이점과 조선시대 수학의 특징을 말해보세요.

3 수준 높은 자기주도학습을 강조한 경우

| 자율 활동

바른 생활 실천하기 등에 앞장섰으며 과학의 날(2012.04.24) 행사에서 탐구토론대회에 참가하여 과학적 접근을 통한 바람직한 토론을 보여주었음.

| 동아리 활동

Chem Is Try(자율동아리) : 과학 실험과 탐구 토론에 열정을 가지고 임했으며 화학 실험에 있어 정량적 관계의 중요성을 알고 이를 진지한 태도로 탐구함.

| 독서활동

(2학기)《시간의 역사》(스티븐 호킹),《파인만의 여섯 가지 물리 이야기》(리처드 파인만),《2050 미래쇼크》(로렌스 C. 스미스) 등을 통해 평소 관심이 많은 물리학과 우주의 본질에 대한 이론에 대한 지적 호기심을 충족시켰음. 또한 미래 환경 문제에 대한 고민과 자신의 진로와 관련된 부분을 연계하는 감상문을 작성함.

　핵융합연구원의 꿈을 이루기 위해 관련 분야에 관한 과학적 원리 이해와 지식 함양을 위한 독서를 꾸준히 함.

| 교내 과학의 날 '우리나라에 맞는 친환경적인 제설 방법'을 주제로 EM용액을 활용한 친환경 제설제 제작과 토론

EM용액을 염화칼슘의 단점 보완제로 선정하다 : 《이덕환의 과학세상》(이덕환)을 읽고 독성과 금속을 부식시키는 성질 등 염화칼슘의 다양한 문제점을 알게 됨. 이것을 보완할 수 있는 물질에 대해 탐구하던 중 시청 사이트에서 EM용액의 활용성에 대한 안내를 보고 EM용액의 성질에 대해 호기심이 생김. 다양한 항산화물질과 미생물군으로 구성된 EM용액이 염화칼슘의 단점을 줄일 수 있다고 생각함. (중략)

진로를 정하다 : 과학관 견학 중 원자력 발전소의 문제와 대안으로서 핵융합에 대해 알게 되었고, 국가 에너지 생산에 도움이 되고 싶다는 꿈을 가짐.

면접 문항

❶ EM용액이 염화칼슘의 독성을 제거하는 원리를 과학적으로 설명해보세요.

❷ 핵융합이 기존 핵 발전의 대안이 될 수 있는 이유를 설명해보세요.

4 수행평가를 뼈대로 삼아 학업 능력을 드러낸 경우

| 세부 능력 및 특기사항

사회 : 국제분쟁과 기아문제를 탐구하는 수행평가에서 PPT와 동영상을 활용하여 적절한 자료를 제시했고 시종일관 흥미를 갖게 하는 재미있고 유기적인 내용 발표로 높은 점수를 얻음.

사회 시간에 '기아의 뿌리'를 주제로 발표수업 진행. 아프리카를 대상으로 하여 분야별, 상호 연관성을 중심으로 접근함.

역사적 관점 : 《처음 읽는 아프리카의 역사》(루츠 판 다이크)와 《아프리카―500만 년의 역사와 문화》(롤랜드 올리버)라는 책을 참고. 중앙아프리카 내전을 예로 들어 식량이 불공평하게 분배되는 과정을 구글에서 찾은 사진을 바탕으로 하여 친구들에게 스토리텔링식으로 설명해 줌.

사회적 요인 : 《탐욕의 시대》(장 지글러)를 읽고 인위적인 식량가격 조작이 기아 현상을 가속화시키고 있다는 것을 알게 됨. 단일 경작이 아프리카 무역에 미치는 영향을 알아보기 위해 WTO 사이트에서 2012년 세계무역지표를 찾아봄. 통계 수치를 PPT에 삽입. 아프리카

의 농작물과 산업 원자재의 대부분이 유럽으로만 수출되고 있었음. 세계가 이처럼 원자재 전쟁을 하고 있는데 무역을 유럽에 의존한다는 것이 매우 위험함을 주장.

면접 문항

❶ 중앙아프리카 내전과 연관해서 불평등한 식량 분배 과정을 설명하고 해결방안을 말해보세요.

❷ 단일 경작이 아프리카에 미치는 영향에 대해서 말해보세요.

위의 네 가지 합격 사례를 보면, 학교생활기록부에 학업 활동(동아리, 수행평가, 탐구토론 등)이 구체적으로 기술되어 있고, 이것을 객관적인 근거로 하여 자기소개서에 이 활동을 하게 된 계기와 과정 등을 상세히 기술하고 있다. 면접 문항은 자기소개서를 바탕으로 출제하게 된다. 자기소개서의 내용이 전문적이기 때문에 면접 문항 역시 난이도 높은 문제로 출제되겠지만 이는 합격의 신호탄이라 볼 수 있다. 왜냐하면 면접관으로부터 어려운 질문을 받았을 때 학생이 우수한 답변을 한다면 이 학생의 뛰어난 학업 능력이 명백하게 드러나기 때문이다.

07 학교생활기록부와 연계된 자기소개서

자기소개서에 작성한 내용이 학교생활기록부에 기재되어 있다면 신뢰를 얻을 수 있다. '자기소설서'라는 말이 나올 정도로 과장된 내용이 많다는 인식을 입학사정관들이 가지고 있기 때문에 학교생활기록부를 바탕으로 한 활동 내용을 쓰는 것이 중요하다.

1 학교생활기록부에 기재된 창의적 체험활동 중 동아리 활동 사례

학생부 기록

사회생활에 대한 기본 지식과 정치·경제·사회문화 현상 관련 시사 상식이 풍부하며 〈아하 경제 신문〉과 주요 일간지를 활용한 NIE 활동에 적극 참여함. 자료를 수집하고 분석하여 적용하는 능력과 설득력 있게 자신의 주장을 펼치는 토론 능력이 탁월하여 토론 활동에 주도적으로 참여함. 동아리 친구들과 협력하여 경제사회 탐구반 활동지를 발간함.

중학생이 되고 나서 뉴스를 보거나 신문기사를 읽을 때 어렵고 낯선 경제 용어들 때문에 잘 이해가 안되는 경우가 많았다. 사회 시간에 배운 단편적인 배경지식에 한계를 느낀 나는 '경제사회 탐구반'이라는 자율동아리를 만들었다. 경제 현상과 그로 인한 사회 변화에 관심이 많은 여러 친구들과 하나의 주제로 다양한 관점의 신문기사를 작성해보고, 그 기사 내용을 각자 평가해봄으로써 자연스럽게 토론으로까지 이어갈 수 있었다. 예를 들어 우리나라의 경제 체제가 어째서 혼합 경제 채제인지 몇 가지 근거로 각자 표제를 만들어보았다. 중1-2학기에 배웠던 '생활과 법' 단원의 헌법 중에 119조 2항을 근거로 경제 민주주의라는 기사의 제목을 정하고 《죽은 경제학자의 살아 있는 아이디어》(토드 부크홀츠)라는 책을 읽었다. 이로써 고전학파의 몰락과 케인스의 처방이 나온 부분을 활용하여 자유시장경제의 불완전한 기능을 적절한 규제와 개입으로 보완할 수 있음을 알게 되었다.

2 학교생활기록부에 기재된 세부 능력 및 특기사항 중 수학 활동 사례

수학에 소질이 있고 관심이 많아 수학 분야의 책을 통하여 일상 생활의 문제를 이론이 아닌 자신의 경험과 상상력으로 슬기롭게 해결하는 모습을 보여주고, 자신의 수준에 맞는 책을 능동적으로 찾아 꾸준히 읽음. 특히 《암호의 세계》(최병문)와 《비밀, 거짓말 그리고 수학》(웬디 리치먼)을 읽고 생활 속에 숨어 있는 수학 이야기에 흥미를 느껴 보고서를 쓰고 발표함.

책 《암호의 세계》를 읽고 정수론이 일상생활에 영향을 줄 수 없다는 생각이 바뀌었다. 많은 암호는 정수론 개념을 기초로 하여 만들어진다. 비제네르 암호가 합동식의 원리를 이용한다는 사실, 즉 어떤 수로 나눈 나머지가 같은 수를 동일하게 취급한다는 점은 나에게 매우 흥미로웠다. 현재 인터넷상에는 RSA 암호가 사용되는데, 이는 소수의 불규칙성을 이용한 암호여서 리만 가설이 참으로 밝혀지면 암호로서의 의미를 잃는다는 것을 알게 되었다. 현재 암호 체계가 정수론을 기반으로 이뤄져 있음을 알고 나서는 정수론 분야를 연구하는 수학 교수가 되어 안전한 암호 개발에 기여하고 싶다는 꿈을 갖게 되었다.

　RSA 암호를 무력화할 수 있다는 리만 가설에 관심이 생겨, 이를 이해하기 위해 필요한 제타 함수 개념에 대한 책《제타 함수의 비밀》(구로카와 노부시게)을 읽으며 공부했다. 매우 어려워 접근하기 힘든 주제였지만, 이해하기 전까지 책장을 넘기지 않고 끈질기게 읽고 공부했다. 자연수와 관련된 합을 소수와 관련된 곱으로 나타낸 오일러의 아이디어는 절묘하다고 느꼈다. 불규칙적인 소수를 규칙적인 자연수와 연결시킨 부분에서 오류가 있을 것이라고 생각해 수식을 계산해봤지만, 소인수분해의 유일성에 의해 납득할 수 있었다. 제타의 여러 계산법을 보고 서로 다른 분야에 있는 수학이라도 연관성이 있음을 깨달았다. 앞으로 배워야 할 부분이 많다고 느꼈다.

08 과목 공부와 진로를 연결한 우수 사례들

선행학습 금지법 등으로 인해서 교육과정에서 벗어난 공부 내용만 쓸 경우 사교육에 지나치게 의존한 느낌이 들어 감점 요인이 될 수 있다. 따라서 중학교 교과목 공부 과정을 바탕으로 특정 분야에 관심과 흥미가 생겨 확장, 심화 공부하다 자신의 진로를 찾을 수 있었다는 식의 연결이 가장 자연스럽게 보일 수 있다.

교과목별 공부 과정 활용 사례

┃국어 : 문장성분에 대한 심화학습을 문법학자와 연결한 사례

국어 문장성분 단원에서 '나는 학생이 아니다'는 홑문장이고 '코끼리는 코가 길다'는 겹문장이라는 점이 이해가 가질 않았다. 참고서 문법단원을 찾아봤지만 궁금증이 해소되지 않아서 스스로 《국어 문장의 주성분 연구》라는 이홍식 교수님의 책을 찾아 읽게 되었다. 그리고 내가 헷갈린 이유는 문장구조 때문이 아니라 주성분의 격조사 때문이었음을 찾아냈다. 주격조사 이/가와 보격조사 이/가는 동음이의어라서 같은 구조라고 착각한 것이다. 또한 주격조사와 보격조사가 중세시대에는 한 단어였다가 근대에 와서 분화되었기 때문에 형태가 같다는 교수님의 주장에 큰 흥미를 느꼈다. 문법은 객관적인 사실이 아니라 타당한 해석의 문제라는 점을 깨닫고, 문법학자가 되어 논리적인 근거를 통해 교과서에 실릴 수 있는 나만의 문법 규칙을 만들고 싶다는 꿈을 꾸게 되었다.

| 국어 : 언어와 사고의 관계를 탐구하는 호기심을 뇌과학자와 연결한 사례

한국어는 무지개를 7가지 색으로 표현하기 때문에 우리는 무지개를 7가지 색으로 인식한다. 반면 로데시아의 쇼나어는 무지개 색을 나타내는 말이 3가지라서 쇼나인은 무지개를 3가지 색으로만 인식한다. 국어 '언어와 사고' 단원에서 이 내용을 접하고 미래의 뇌과학자로서 언어와 사고의 관계에 대해 더 알고 싶어졌다. 관련 자료를 찾다가 세계적 언어학자인 스티븐 핑커의 《언어의 본능》을 읽게 되었다. 진화생물학을 바탕으로 언어를 문장, 절, 음소 단위로 쪼개며 여러 언어에 공통적으로 드러나는 특징을 알게 됐고 이로 인해 언어는 단순한 의사소통 도구가 아니라 인간의 본능이며 진화의 산물이라는 것을 깨달았다. 언어가 문법 유전자의 명령으로 우리 뇌 속에 입력되어 있는 보편문법을 따른다는 것은 뇌를 더욱 신비롭게 느껴지게 했다. 앞으로 언어가 인간의 본능이 되어가는 과정을 탐구하여 뇌의 수수께끼를 풀고, 이를 통해 인간 진화의 비밀을 풀고 싶다.

| 영어 : 영어에서 출발한 호기심이 자연스레 번역가로 이어진 사례

영어는 영화 대사를 따라 하며 공부했다. 이를 통해 문법과 어휘를 자연스럽게 습득할 수 있었고, 심화적인 면은 자막 제작과 원서 읽기로 공부했다. 특히 셰익스피어의 책과 시를 많이 읽었다. 연극과 영화화된 작품도 봤다. 드라마로 제작된 〈햄릿〉은 한글 자막에 오역이 매우 많아《영문법 쇼크》(정형정) 등 문법책을 참고하여 직접 자막을 만들었다. 그리고 셰익스피어처럼 초시대성과 보편성을 갖춘 영화 제작에 기여하고 싶다는 꿈을 가지게 되었다. 이후 국어 수행평가로 단편영화를 감독했으며 앙드레 바쟁의《영화란 무엇인가》를 읽으며 창조적 평론이 무엇인지 고민했다. 작년부터는 이 경험을 토대로 불어 공부를 했다. 프랑스 영화와 좋아하는 드라마의 불어 더빙판을 봤고, 그중 인상 깊었던 자비에 돌란 감독의 〈j'ai tue ma mere〉를 번역해봤다. 모르는 단어마다 사전을 찾고 적절한 우리말 표현을 고르느라 힘들었지만 수천 명이 내 자막을 보고 좋은 평을 했을 때 느끼는 성취감으로 영상번역을 진지하게 생각하게 됐다. 지금은 독일어 공부도 시작했으며 더 많은 언어를 공부할 것이다.

| 수학 독서를 응용수학자로 연결한 사례

교과서를 벗어나 일상의 삶으로 들어온 수학의 깊이를 깨닫게 된 것은 수학 관련 도서를 읽으면서부터다. 스티븐 스트로가츠의 책 《X의 즐거움》은 우리가 평소 아무렇지도 않게 하는 행동이나 생활 속에서 자주 쓰이는 기술 속에 깃든 수학을 알게 해주었다. 이차방정식이 자식들에게 부모의 유산을 어떻게 분배할지를 정하는 과정에서 생겨났다는 것, 춤추는 방법에도 벡터라는 수학 정보가 들어 있다는 것, 위상수학을 이용하면 베이글에 크림치즈를 더 많이 바를 수 있다는 것, 독보적인 검색 서비스 구글이 '인기투표' 방식으로 사이트를 찾아준다는 것 등을 통해 일상생활과 대중문화, 생물학, 역사 등 세상 모든 것에 깃든 수학을 발견하게 되었다. 이 책을 통해서 응용수학의 매력을 느끼게 되었고 《창의 수학 콘서트》(김대수), 《제타 함수의 비밀》(구로카와 노부시게), 《마틴 가드너 수학코드》(마틴 가드너)와 같은 수학 관련 책을 읽으면서 응용수학자의 꿈을 키워나갔다.

| 사회 관련 독서를 경제학자로 연결한 사례

중학생인 내게 경제라는 것은 교과서 속에 등장하는 수요 및 공급 그래프나 신문 기사, 뉴스를 통해 볼 수 있는 주요 증권시장에서의 주가 그래프 정도의 개념이었다. 마치 수학의 함수 단원에서 본 듯한 정비례와 반비례 그래프 중에서 가장 인상 깊었던 것은 물가와 실업률의 상관관계를 나타낸 '필립스 곡선'이었다. 그러다 문득 필립스 곡선으로 설명할 수 없는 경제 현상들이 궁금해져서 여러 경제 관련 도서를 찾아보다가 《사회를 구하는 경제학》(조형근, 김종배)을 읽게 되었다. 2008년 전 세계를 휩쓸었던 금융위기의 배경과 그로 인한 영향을 배우면서 거대한 투기성 자본과 자원 분쟁이 이렇게 필립스 곡선을 무의미하게 만드는지를 이해할 수 있었다. 순수 경제학이 아닌 사회경제학자인 저자가 말하는 새로운 관점에서의 여러 경제 이론과 현상들이 경제학을 전공하고자 하는 내가 어떠한 가치관을 지녀야 하는지를 깨닫게 했다. 즉 경제학이란 단순히 효율성만을 따지는 생각 체계가 아니라 인간의 경제활동 그 자체가 사회적 행위이자 문화적 행위임을 알게 된 것이다.

| 과학 독서를 의사로 연결한 사례

외과의사를 목표로 하여 관련 서적을 읽으며 지식을 쌓았다. 그중에서 다치바나 다카시의 《암, 생과 사의 수수께끼에 도전하다》를 통해 암을 과학적으로 탐구하고 생명과 죽음을 인문학적으로 생각해보는 시간을 가지게 되었다. 세포가 어느 한도 이상으로 증식하면 아폽토시스Apoptosis, 즉 세포 자살이 프로그래밍되어 있는데 암이란 것이 세포가 착란을 일으키는 DNA의 병이라는 것을 알게 되었다. 이후에 시그널 패스웨이를 선택적으로 막아보자는 발상에서 나온 분자표적약에 관심을 기울이게 되었다. 그러나 곧 암이 봉쇄된 패스웨이를 돌아가는 우회로를 만듦으로써 더 이상 약이 듣지 않는다는 것, 장기를 재생하는 IPS세포를 만드는 과정과 암이 생기는 과정이 닮았다는 야마나키 신야 교수의 연구를 통해 암과 싸우고 물리쳐야 한다는 고정관념을 깰 수 있었다. 그리고 죽음이 일상 곁에 있으며 많은 과학자들이 끝내 규명하지 못한 생명이 있음을 기억해야 한다고 느꼈다. 이를 통해 의사로서 어떤 태도로 병과 환자, 그리고 죽음을 바라보아야 하는지 진지하게 고민하게 되었다.

동아리 활동 활용 사례

| 교내 동아리 활동을 외교관으로 연결한 사례

우리 문화의 가치를 바로 세우고 세계 여러 사람들과 공유하여 인류공동체에 기여하는 문화외교관이 되는 꿈을 키웠다. '우리문화지킴이'에서의 번역 활동, 위안부 피해 할머니들을 위한 활동 등은 인류 공동체의 소중함과 문화의 가치를 정확히 이해하는 데 많은 도움을 주었다. 문화재 제자리 찾기 운동을 통해 카페로 변한 빈청을 원형 복구하기 위해 문화재청에 진정서 제출, 외형뿐만 아니라 정서까지 고려해 복원됐어야 했던 향원정의 아쉬움을 담은 저술 활동 등을 하면서 문화재를 바로 세우고 알리는 것도 문화외교관이 지녀야 할 기본 자질이라는 점을 배웠다. 이 꿈을 이루기 위해 글로벌 감각과 의사소통 능력을 키워줄 경기외고에 지원하고자 결심한 후에는 학업에 더욱 열중할 수 있었다.

(중략) 우리말 표현을 역사, 문화와 함께 연결하여 공부하는 것이 효과가 좋다는 것을 알았다. 《나의 문화유산답사기》(유홍준) 번역 과정에서 에밀레종 소리에 맞춰 후천개벽무를 추는 장면을 어떻게 번역할지 고민하면서 국어사전을 찾았고 또 이와 관련된 역사를 찾아 그 의미를 알 수 있었다. 이 춤을 연상하며 느낌을 살려낼 수 있도록 번역하면서 글을 읽는 외국인의 입장을 생각하는 마음과 우리말과 글의 우수성을 다시 한 번 알게 되었다.

| 검사라는 진로를 교내활동 자치 법정과 연결한 사례

자치법정 활동 중 불만을 갖는 친구들을 보며 학생인권의 한계가 모호하다는 생각이 들었다. 그래서 〈학생인권조례의 제정과 시행에 관한 법적 논의〉라는 논문 등을 찾아보고 학생인권조례의 문제점과 개선방안을 연구하며 학생들이 교사나 다른 학생의 인권 또한 존중해야 함을 깨달았다. 이를 계기로 인권에 관심이 생겨 사회적 약자인 아동의 인권을 알아보고자 교내활동으로 유엔아동권리협약에 명시된 보호권과 건강권의 침해실태조사 및 개선방안에 관해 친구들과 연구했다. 이라크 전쟁 피해아동들을 조사할 때는 이라크전쟁 침공국의 명분인 보호책임원칙을 "The Collective Level in the R2P"라는 논문을 읽으며 공부했다. 인권보호를 위한 R2P가 이라크 아동들을 위협하는 것을 보며 법의 의미에 관해 생각해보고자 《법치란 무엇인가》(마리아나 발베르데)를 읽고 법과 사회에 관한 관심을 넓혀가다가 《법원과 재판 이야기》, *Storming the Court*(브란트 골드스타인)를 읽으며 법원의 역사와 다양한 재판들을 공부했다. 그중 통계의 모순으로 오판사건이 된 OJ 심슨 사건을 통해 증거가치를 정확히 판단하려면 수학적 소양이 중요함을 느꼈다.

| 영자신문 자율 동아리 활동과 역사와 영어 공부를 바탕으로 국제기구 전문가의 꿈을 키운 사례

역사 교과서에 실린 강화도조약 삽화에서 일본 대표는 양복을, 조선의 대표들은 한복을 입고 있었다. 삽화가 국제화 시대에 적응한 정도를 상징한 것이라고 느꼈고 결국 그 차이가 일제강점기라는 역사를 가져왔다고 생각했다. 이후부터 국제기구 전문가로서 국제사회의 흐름을 파악하고 우리나라의 위상을 높일 수 있는 역할을 해야겠다고 결심했다. 《국제기구 멘토링》(정홍상), 《유엔과 국제기구》(박재영) 책을 통해 국제기구 전문가의 역할과 필요한 자질을 알게 되었다. 외국어 능력을 기르는 것이 가장 핵심이라고 생각해서 꾸준히 CNN, MSNBC, 폭스 뉴스를 시청하고 있다. 우리나라도 뉴스에서 가장 정확한 표준어로 보도한다는 데서 착안해 뉴스 시청을 통해 정확한 발음과 어휘들을 익힌 것이다. 또한 힐러리의 억대 강연과 관련된 발언을 보도할 때 진보적인 MSNBC는 "힐러리가 돈 문제로 비틀거린다"라고, 보수적인 폭스는 "강연으로 수십만 달러를 번다"라며 부자임을 부각시키는 보도를 하는 것을 보면서 같은 사건이라도 시각에 따라 다양하게 해석될 수 있음을 알게 되었다. 중3 때는 영자 신문반 자율 동아리를 조직하여 미국의 〈뉴욕타임스Newyork Times〉, 〈시카고 트리뷴Chicago Tribune〉, 영국의 〈가디언the guardian〉, 〈데일리 텔레그래프daily telegraph〉 등을 읽으면서 독해 능력을 기르고 있다.

| 교내 발명 동아리를 통해 영재성을 드러낸 사례

교내 발명 동아리에서 주최한 창의연구 과제로 '스마트폰의 세균번식과 저온 화상을 예방하는 쿨팩' 연구를 진행해서 이 연구를 바탕으로 학생들이 편리하게 사용할 수 있는 스마트폰 살균기를 제작했다. 스마트폰에 서식하는 세균의 양을 배양방식을 통해 측정하고, 스마트폰을 사용할 때 발생하는 열과 세균의 양이 어떤 관련이 있는지 확인하여, 태양전지를 이용한 간편하고 효율적인 스마트폰 살균기를 제작해보았다. 이 과정에서 적정 온도에서는 물질대사 속도가 빠르기 때문에 세균 번식이 빠르고, 더 높은 온도에서 수소결합이 끊어지면서 효소를 포함한 단백질의 구조가 붕괴되기 때문에 살균 효과를 얻을 수 있다는 것을 알게 되었다. 연구를 진행하며 구글을 통해 외국 논문을 찾거나 관련 외국 서적을 찾아보면서 준비했던 것이 영어 실력 향상에 많은 도움이 되었다.

| 과학 창의 동아리를 통해 영재성을 드러낸 사례

첨단 의료기기와 관련된 내용들을 블로그에 정리해두고 있는데 네티

즌이 걸어준 링크에서 비접촉식 악기인 테레민 연주를 보고 비슷한 악기를 만들어보고 싶었다. 과학 창의 동아리 시간에 정전식 터치스크린의 원리에 대해 알게 되었고 인식 거리를 확장하면 멀리 떨어진 손 동작도 감지할 수 있을 것이라는 아이디어가 떠올라 과학탐구과제로 진행하였다. 먼저 실험과 시뮬레이션을 통해 평행판 축전기의 정전용량에 영향을 미치는 요인과 정전용량과 충전 시간의 관계를 알아보았다. 그리고 아두이노^{Arduino}와 주변에서 쉽게 구할 수 있는 재료들로 손을 하나의 평행판으로 하는 축전기의 전압을 측정하여 충전시간을 계산하는 회로를 구성하였다. 시행착오를 겪었지만《물리학 클래식》(이종필) 등의 도서를 읽고 해결책을 찾았다. 과전류가 흘러 전압을 측정하는 부분이 파손되어 과전류로부터 보호하는 저항을 부착하였고 측정값이 고르지 않아 평균값을 계산하는 평균 필터를 적용하였다. 이를 이용해 악기를 만들어 동영상을 찍어 블로그에 올리니 물리와 발명에 관심 있는 사람들이 댓글을 통해 많은 조언과 격려를 해준 것이 인상 깊었다. 후에 이 연구를 발전시켜 기구를 다루는 데 어려움이 있는 시각장애인과 손이 불편한 사람들을 위한 장치, 3D 컨트롤러, 제스처 인식 장치 등에도 활용하고 싶다.

| 과학 동아리를 통해 영재성을 드러낸 사례

과학 시간에 물속에서 굴절에 의해 생기는 상의 위치가 참고서와 교과서마다 각각 다르게 표시되고 있다는 점에 의문을 갖게 되었다. 올

바른 위치를 이론적으로 증명하고자 과학 동아리 친구들과 함께 연구를 진행하였다. 수업 시간에 배운 '빛과 파동' 단원을 찾아보며 프리즘이나 렌즈 등에 적용되는 '볼록렌즈와 오목렌즈의 성질'과 '상의 작도 등'의 원리를 바탕으로 정확한 개념을 이해하게 되었다. 또한 관련 서적을 통해 '빛은 최소 시간이 걸리는 경로를 택한다'는 '페르마의 원리'와 굴절의 법칙인 '스넬Snell의 법칙'을 이용하여 교과서의 오류를 반증하고, 수조 위 레일에 설치된 레이저를 통해 입사각과 굴절각을 측정하여 허상의 위치를 한곳으로 밝히는 장치를 개발했다. 이 연구를 통해 물속 물체의 상은 항상 물체에서 수직으로 위쪽에 생긴다는 결론을 도출하였다. 빛의 굴절과 반사 원리가 LED 조명이나 안경, 렌즈삽입술 등 일상생활에서부터 의료 분야에까지 다양한 영역에서 응용되고 실용화되고 있음을 알게 되었다.

수행평가 등 수업시간에 이루어지는 활동 활용 사례

┃ 사회 수행평가를 경제학자로 연결한 사례

'화폐의 가치'를 주제로 사회 수행평가 자료를 수집하던 중 종이화폐를 받고 등가교환에 맞지 않는 핸드폰, 자동차 같은 가치 있는 재화와 서비스를 교환하는 모습을 보면서 화폐가 지닌 가치가 어떻게 결정되는지 궁금함을 느꼈다. 이를 계기로 한국은행에서 제공하는 교육프로그램으로 수행평가 준비를 하게 되었다. 그 과정에서 외화자산의 보유운용과 우리나라 물가 안정을 위해 운영되는 통화신용정책에 대해 알게 되었고, 1990년대 경제위기의 원인과 배경을 이해할 수 있게 되었다. 그 후 국제사회 경제위기와 금융문제에 대한 원인과 배경을 분석하고 해결방안을 찾아보다가 통화정책을 효율적으로 조정하는 일을 하고 싶다는 구체적인 진로를 정하게 되었다.

또한 경제학에서 빼놓을 수 없는 것이 바로 수학이다. 다양한 경제 원리와 흐름을 이해하고 분석하려면 이를 알기 쉽게 도표와 모형으로 표현하는 연속확률분포와 통계적 추정, 주가 상승폭에 대한 그래프 분석을 해야 한다. 여기에 필요한 미적분의 변화율 이해를 중심으로 수학을 공부하고 있다.

▌국어 자유탐구 수행평가에서 심리학자로 진로를 연결한 사례

국어 수업 시간에 논리적인 언어적 메시지보다 비언어, 반언어적 메시지가 사람들을 설득하는 데 더 크게 작용한다는 점이 납득이 되지 않아 자유탐구 수행평가 주제로 선정하여 보고서를 썼다. 이성적인 인간이 왜 내용의 논리보다 목소리 크기나 몸짓, 손짓에 현혹되는지 이해하기 위해 심리학 도서를 조사하다 심리학자 최초로 노벨 경제학상을 수상한 행동경제학의 창시자, 대니얼 카너먼의 《생각에 관한 생각》을 읽었다. 이로써 인간은 이성적인 동시에 감정적이고 즉흥적이라서 사람들의 호불호가 세상에 대한 믿음을 결정하게 만들어버린다는 감정 휴리스틱을 알게 됐다. 비이성의 심리를 이성의 논리로 분석하는 행동심리학은 나로 하여금 심리학자가 되겠다는 결심을 하게 만들었다. 여러 심리학 도서를 찾아보며 특히 라깡의 이론을 더 연구하고 싶어 《라깡, 사유의 모험》(서용순 외), 《라깡 정신분석 테크닉》(브루스 핑크), 《젊은 치료자를 위한 라깡》(리오넬 베일리) 등을 더 읽으며 심리학에 대한 기초 지식을 쌓고 있다.

| 역사 수행평가에서 깨달은 사실들을 통해 국제사법부 판사로 진로를 정한 사례

사회 수행평가로 위안부 문제에 대한 발표를 준비하다 아시아 9개 나라 시민단체가 공동으로 민간국제법정 '일본군 성노예전범 여성국제법정'을 열었다는 소식을 듣고, 우리나라 대표 윤정옥 이화여대 교수님을 인터뷰했다. 교수님을 통해 월남전 당시 국군도 베트남 민간인을 9천여 명 학살했고, 베트남 곳곳에 아직도 한국군 증오비가 세워져 있다는 사실을 알게 돼 충격에 빠졌다. 항상 정의롭다고만 생각했던 내 나라에 대한 최초의 실망이었다. 《인권법－사회적 이슈와 인권》(이준일), 《인간은 왜 전쟁을 하는가》(히로세 다카시), 《총, 균, 쇠》(재레드 다이아몬드), 《니코마코스 윤리학》(아리스토텔레스) 등 관련 서적을 읽으며 전쟁이 인간성을 어떻게 말살하는지 깨닫고, 발표 주제를 위안부 문제로 한정하기보다 '전쟁이 인권을 유린하는 방법'으로 정했다. 이런 과정은 교과서에 담긴 역사적 사실을 다각도로 살피는 방법을 일깨워줬고 국제사법부 판사라는 진로를 결정짓는 계기가 됐다.

┃경제 수행평가에서 경제학자로 진로를 연결한 사례

사회 수행평가 과제로 '현재 우리 삶에 영향을 미치고 있는 지식'에 대한 자유탐구가 주어져 '금융'을 선택하여 연구를 진행하였다. 평소 스크랩해놓은 경제 관련 기사에서 우리 지갑 속의 경제 사정은 사실 월스트리트에서 벌어지는 금융 사건들과 연결되어 있다는 글을 찾아 내 '금융자본주의 현장 리포트'를 제목으로 정했다. 그리고 '정보 비대칭'으로 인해 금융 지식을 알지 못해 피해를 입은 사례들을 직접 발로 뛰며 조사했다. 미국의 저금리 정책으로 시작된 자산 거품이 한국의 하우스푸어 문제로 이어진다는 것, 투자은행들이 규제 완화를 틈타 만들어낸 금융상품이 한국에서 키코 사태를 일으켰다는 것, 인프라펀드와 서울 지하철 9호선 요금 인상의 관련성 등을 경제 기사들과 경제학 도서들을 바탕으로 탐구하였다. 특히 인상 깊었던 사례는 미국과 일본에서 시행한 경기부양 정책인 양적 완화다. 실질금리, 명목금리, 물가인상률의 관계로 인해 금리를 '마이너스 실질금리'로 만들면 사람들이 결국 돈을 쓰게 될 것이라는 이론을 정리하였다. 이로 인해 경제적 요인에 영향을 끼치는 심리적 요인과 그것을 이용하는 자본가와 금융기관에 대한 탐구를 지속적으로 하고 싶다는 진로 계획을 세울 수 있었다.

▎경제 수행평가에서 기업가로 진로를 구체화한 사례

국어 수행평가 '진로보고서' 발표 준비를 위해 '최근 경제 동향과 전망을 파악할 수 있는 뉴스와 신문 등을 검색하던 중 IT 분야에서 가장 영향력 있는 기업으로 경제 흐름의 지표가 되던 마이크로소프트사와 관련된 기사는 줄어들고 구글과 애플에 관련된 기사들이 대부분을 차지하고 있음을 알게 되었다. 그 원인이 기업 간 M&A에 있음을 파악하게 되었고, M&A에 대한 사회적 인식과 경제에 미치는 영향에 대해 조사하였다. 자료를 수집하고자 《M&A와 기업구조조정 전략》(제해진), 《금융인이 말하는 금융인》(강동효 외) 등 관련 도서를 읽었다. 이를 통해 M&A가 오늘날 빠르게 변화하는 세계 경제와 한국 경제 속에서 기존 기업의 내적 성장 한계를 극복하고 외적 성장을 이룰 수 있는 기업 구조조정의 매커니즘이 될 수 있음을 확인했다. 발표 시간에 M&A 활동에 대해 친구들의 질문을 받아 다음 Daum과 카카오 Kakao 사의 합병 소식을 접목하여 설명함으로써 적대적인 느낌과 부정적 시선으로 볼 수 있는 M&A 활동이 변화하는 사회 속에서 살아남기 위한 매력적인 경쟁 전략이 될 수 있음을 알려주었다. 숙련된 전문 인력과 도전 정신을 바탕으로 국내·외 기업 간 매입과 투자를 활성화시켜 실질적인 시너지 효과를 내는 M&A의 경쟁전략을 보며 미래를 조망하고 늘 깨어 움직이는 기업가 정신을 본받아 M&A 전문가라는 꿈을 구체화할 수 있었다.

| 역사 시간의 발표 수업을 통해 정치가라는 진로를 구체화한 사례

역사 시간에 흥선대원군이 경복궁 중건을 위한 재정 확충 때문에 당시 통용되던 상평통보의 백 배에 달하는 고액 화폐인 당백전을 발행한다는 결정을 내렸고 그것이 조선을 혼란에 빠뜨렸다는 것을 배웠다. 이 단원과 관련된 발표 수업을 위해 평소 즐겨 듣던 경제 팟캐스트인 '꼬투리 경제학'에서 관련 부분을 검색했다. 이를 통해 화폐 발행량과 인플레이션의 관계, 그리고 이런 경제 현상이 1차 세계대전 직후 독일의 하이퍼인플레이션 상황과도 일치함을 알았고 결국 그것이 전체주의의 배경이 되었음을 추론할 수 있었다. 경제 현상이 세계사에 미치는 영향에 흥미가 생겨 발표 주제를 외국 사례를 연구하여 관련지어 보는 것으로 결정하고 서적과 여러 미디어를 활용했다. 디플레이션을 연구하며 1929년 미국의 경제대공황을 이해하게 되었고, 스태그플레이션이 신자유주의 등장에 미친 영향을 찾아보았다. 사례를 스스로 공부하며 정책과 역사적 사건의 인과관계를 볼 수 있었고, 정책 결정자들의 경제 정책이 얼마나 중요한지 깨달았다. 아프리카 짐바브웨의 무가베 대통령이 정치적 포퓰리즘 정책을 펼치며 실시했던 농지 개혁은 실패로 끝났고, 물가의 강압적 조정, 그로 인해 기업이 도산하는 결과를 불러왔다는 것으로 준비한 수업은 현재 우리나라 경제 정책과 관련해 학우들의 활발한 토의를 이끌어내었다. 진정한 정치란 사회적 희소가치들을 합리적이고 공정하게 배분해야 함을 깨닫게 되었고 정치가라는 진로를 좀 더 구체화할 수 있었다.

6장

2015 합격생
자기소개서
사례

각 고등학교 자기소개서 공통 문항이다. 2015학년도 합격생들의 자기소개서는 학교에서 원하는 문항에 맞춰 작성되었다.(글자수 1500자 이내)

○ 본인이 스스로 학습계획을 세우고 학습해온 과정과 그 과정에서 느낀 점, 학교 특성과 연계해 지원 학교에 관심을 갖게 된 동기, 고등학교 입학 후 자기주도적으로 본인의 꿈과 끼를 살리기 위한 활동계획 및 고등학교 졸업 후 진로계획에 관하여 구체적으로 기술하십시오.
○ 본인의 인성(배려, 나눔, 협력, 타인 존중, 규칙 준수 등)을 나타낼 수 있는 개인적 경험 및 이를 통해 배우고 느낀 점을 구체적으로 기술하십시오.

자율형사립고등학교

하나고 | 외대부고 | 상산고 | 북일고 | 청운고

01 하나고

우수한 학업 능력이 가장 큰 관건이다. 탐구, 연구, 발명 등 영재성을 드러내는 소재를 찾고, 꼬리에 꼬리를 무는 심층 면접에 대비하여 자기소개서를 준비해야 한다.

진로   사물인터넷 전자 CEO

2학년 때 과학 연구 보고서 주제로 '구조물의 모형에 따른 강도 탐구'를 팀원과 연구했다. 다리의 구조와 강도의 상관관계에 대해 호기심이 생겨 모델을 만들어 보았다. 기본 원리인 벡터의 분산을 알기 위해 구글에 있는 'introduction to vectors and scalars', 'resolution of vectors' 강의와 "vector algebra" 논문을 참고했다. 《건축물의 구조 이야기》(미셸 프로보스트, 다비트 아타)를 읽고 트러스 구조의 벡터 분산, 응력과 변형률의 관계를 이용해 크로스가 1개, 2개, 3개인 모델을 만들고 영률 공식을 바탕으로 최대로 버틸 수 있는 분동의 무게를 계산해 실험에 성공했다. 그래프를 해석한 것을 바탕으로 수학에서 삼차

함수와 같이 복잡한 그래프를 분석하는 능력을 갖출 수 있었다. 과학을 실생활에 이용하여 문제를 해결하는 활동의 의미를 깨닫고 3학년 때 '지구 온난화를 예측하다'라는 주제로 탐구했다. 가설을 세우기 위해 기상청 사이트에 질문하였지만 지구온난화로 인한 기후환경 변화를 정확하게 측정하는 것이 불가능하다는 답변을 듣고 영문 환경 사이트인 'hubpages'의 통계를 이용해 가설을 세웠다. 기온과 해수면 상승의 상관관계를 알기 위해 해수와 빙산의 비율만큼 물에 얼음을 넣어 실험했다. 온도가 증가함에 따라 녹는 양을 계산한 뒤 예측하였다. 가이아 이론과 자연선택 이론을 바탕으로 식물들이 변화한 환경에 잘 적응하는지 알아보기 위해 온실효과를 이용해 배추와 무를 키워 온도에 따른 작물의 생장을 관찰했다. 온도가 높아질수록 작물의 생장 속도가 느려짐을 알 수 있었다. 이를 통해 지구온난화로 인한 지구 생태계와 환경 변화를 대략적으로 예측할 수 있었다. 과학 탐구를 통하여 습득한 배움을 실생활에 응용하는 능력을 기를 수 있었는데, 하나고의 토론과 프로젝트 위주의 수업에서 나의 능력을 발전시키고 싶다.

구글 글라스와 같이 IT 분야에서 사물인터넷 전자 CEO가 되고 싶다. 현재 외국계 기업들과 달리 자선활동에 소홀한 우리나라 기업의 모습을 보고 인간미 넘치는 사회적 기업을 만들기로 결심했다. 입학 후 하나학술제, 경제·경영 디플로마에서 경영에 관한 실질적인 경험을 쌓고 싶다. HMEC와 수학 동아리 MO에 가입하여 경제와 수학에 대한 심화 공부를 할 계획이다. 내가 원하는 시간표를 짤 수 있는 하나고의 커리큘럼이 나의 꿈을 뒷받침해줄 수 있으리라 믿는다.

1학년 때 장애인 컴퓨터 보조 강사로 파워포인트를 가르쳤다. 언어발달 장애를 가진 분과 원활한 의사소통이 되지 않아 어려움을 겪었다. 학교에서 소외된 장애인 친구에게 먼저 말을 걸면서 친구를 이해하고 어울릴 수 있게 된 것이 떠올라 그분에게 먼저 말을 걸면서 친해졌고 많은 시간이 걸리더라도 종이에 질문을 적어가며 알려드렸다. 그분과 가까워지면서 질문의 의도를 빨리 알아차리게 되었고 봉사를 갈 때마다 그분은 선생님으로 나를 찾았다. 이 봉사를 통해 사회적 약자를 배려하는 점자식 프린터기와 같은 기기를 만들겠다는 목표를 세웠다.

❶ 2, 3학년 탐구 과정을 구체적으로 서술하면서 열정과 의지(만들고 실험하고 관찰 등), 깊이를 보여주었다.
❷ 탐구 과정 속에 다양한 학업적 우수성(수학, 영어)이 녹아 있다.
❸ 인성 에피소드를 진로와 연결시켰다.

《적정기술－36.5도의 과학 기술》(나눔과기술)을 읽고 인도의 마하슈트라 지역에 적합한 망고 건조기를 고안하는 팀 프로젝트를 진행했다. 단순 수분 제거, 삼투현상 이용, 지열 이용 등의 방법을 실험했지만 망고의 외형 손상, 고비용, 많은 장치가 필요하다는 문제를 발견했다. 따라서 마하슈트라의 기후에 적합하고 현지에서 유지, 보수가 가능하며 친환경적이고 효과적인 건조가 가능해야 한다는 기준을 설정했다. 먼저 가정용 오븐처럼 고온 건조한 상태에서 건조하는 방법을 채택하여 효과적인 건조 방법을 알아보았다. 《온돌과 구들 문화》(김준봉)라는 책을 통해 온돌이 열효율이 좋고 균등한 실온이 형성되어 건조기에 적합하다는 것을 알게 되었다. 또한 현지 특성을 조사하던 중 인도의 소똥이 심각한 환경문제임을 알게 되었고, 〈축산 분뇨로부터 고열량 연료생산 기술 개발〉이라는 논문을 참고해 소똥 연료와 온돌을 결합해서 망고 건조기를 완성했다. 이 과정을 통해 아이디어와 과학 지식이 모여 인간의 삶을 발전시킬 수 있음을 느꼈다.

《플랫랜드》(에드윈 애벗)에서 스페이스랜드의 구가 플랫랜드를 방문해서 3차원에 대해 설명해주지만 이해하지 못하는 정사각형의 모습을 보며 4차원이 존재한다면 어떤 모습일지 의문을 가졌다. 우선 1차원, 2차원, 3차원의 변화를 분석해 4차원의 도형을 유추했다. 내가설을 확인하기 위해 《수학콘서트 플러스》(박경미)를 읽고 4차원의 기본도형이 사면체이며 4개가 모여 4차원의 도형 5포체를 만든다는 것을 알았다. 또 《차원이란 무엇인가》(일본뉴턴프레스)라는 책을 통해 초 입방체의 전개도가 3차원의 도형으로 이루어졌으며 3차원의 3개 축 외에 새로운 방향으로 4번째 축이 뻗어나가는 것을 알았다. 그 4번째 축이 무엇인지 의문이 들어 학교 수학선생님께 질문했고 '민코프스키 공간'에 대해 알게 되었다. 민코프스키 공간은 4차원이 3차원의 공간과 1차원의 시간이 합쳐진 개념으로 내가 예상했던 4차원과는 달랐다. 4차원에 대해 고민하면서 수학에 관심을 가지게 되었고 아직 현대과학이 미치지 못하는 영역이 존재한다는 사실이 흥미로웠다.

올해 초 3D 프린터를 소개하는 TV를 보고 3D 프린터를 제작하는 벤처기업을 설립하겠다고 결심했다. 하나고등학교에 입학 후 경영 동아리에서 경영학적 소양을 기르고 다양한 수업을 통해 과학·사회·경제 등 여러 분야의 지식을 쌓을 것이다. 또한 기숙사 생활을 하면서 협동과 갈등을 해결하는 법을 배울 것이다. 졸업 후 산업디자인과 소재공학에 대해 공부할 것이며, 이후 사회적 책임을 다하고 세상과 소통하는 기업인이 될 것이다.

중학교 2학년부터 광진구 아동센터에서 아이들의 사진을 찍어 앨

범을 만들어주는 봉사활동을 했다. 나와 짝이 된 현근이는 소심하고 내성적이라 항상 혼자 멀찍이 떨어져 있었다. 현근이가 어울릴 기회를 주기 위해 여러 아이들을 데리고 술래잡기, 축구 등을 했다. 특히 현근이에게 칭찬을 많이 하고 놀이에서 중요한 역할을 주었다. 이후 현근이가 다른 아이들과 친하게 지내는 것을 보며 내 작은 도움이 다른 사람에게 좋은 변화를 줄 수 있다는 것을 깨달았다.

❶ 팀 프로젝트에서 전공 적합성, 창의력, 열정 등이 엿보인다.
❷ 수학을 통해 학업적 우수성을 보여주었고 각 탐구의 과정이 구체적이고 치밀하게 설계되어 있다.

진로   비교역사학자

우리의 역사와 세계사를 통해 미래를 창조적으로 바라보는 능력을 지닌 역사학자가 되는 것이 꿈이다. 이는 창의적 세계인을 양성하는 하나고의 건학 이념과도 잘 어울린다. 하나고에 입학한 후 매년 실시하는 학술제에서 관심 있는 역사 분야를 깊이 탐구하고 발표하는 과정을 통해 새로운 역사학을 경험할 것이다.

《삼국지》를 통해 역사에 흥미를 느꼈고, 역사학자의 꿈을 갖게 되었다. 처음에는 《삼국지연의》를 읽었으나, 사실로서의 역사를 공부하기 위해 《정사 삼국지》를 반복해서 읽었다. 연의와 정사의 다른 점을 비교해보고 이렇게 다르게 쓰인 이유가 궁금해서 그 차이를 조사한 후, 보고서를 작성하였다. 이를 통해 삼국지를 허구와 사실 두 가지 측면에서 이해하였다. 한영 번역본의《삼국지》를 찾아 읽은 후에는, 기억에 남는 명언이나 사건을 영어로 번역하여 책과 비교해보기 위해서 번역 작업에 도전하였다. 또한 삼국지에 나오는 진법이나 다양한 전략, 전술을 수학적으로 분석하였다. 진법과 전술에서는 기하학적 원리가 많이 사용되었음을 알 수 있었다. 예컨대, 전쟁에서 포위당했을 때는 원진을 펼치는데, 이것은 수학적으로도 효율적임을 증명할 수 있다. 원진은 기본적인 정사각형 진법보다 적과 대치하는 면적이 좁고, 각에서 집중공격을 받을 수 있는 사각형과 달리 원형에는 각이 없어서 방어에 효과적이다. 이렇게 삼국지를 수학과 연계한 학습법을 이용하여 공부방 봉사활동에서 멘티 학생에게 설명해주었다. 그리고 역사탐방 동아리에서는 '삼국지의 인물이 우리나라의 리더가 된다면 어떤 정부 형태가 가장 적합한가?'라는 논설문을 발표하였다. 만일 조조가 리더가 된다면 대통령 중심제가 적합하다고 주장하였다. 그 경우 총리는 제갈량, 가후는 청와대 비서실장으로 임명할 것이다. 반면 유비가 리더가 된다면 의원내각제가 적합하다. 이때 조조는 야당의 대표로서 내각을 견제하며 효율적인 정부 운영을 도와야 한다는 의견을 펼쳤다. 한국사 책과 함께 중국의《삼국지》, 일본의 문화를 잘 표현한《국화와 칼》(루스 베네딕트)을 읽고 삼국의 역사를 비교하고 나서는 왜곡된 역사를 바로잡아 우리의 정체성을 찾겠다는 결심을 굳혔다. 그래서 많은 사학 분야 중에 비교역사학을 전공할 것이다. 비교역사학은 다른 문화권 나라의 역사를 비교하는 학문이므로, 이런 작업을 통해 역사를 입체적으로 이해하고자 한다.

올해 1학기에 역사 시험을 대비하여 친구들과 함께 공부했다. 조선 후기와 대한제국 시대의 사건을 정리하는 과정에서 1, 2차 갑오개혁을 반대로 알려주는 큰 실수를 했다. 정정하기는 했으나, 친구들에게 잘못된 것을 알려줬다는 점에서 대충 공부한 것이 아닌지 반성했고, 그 뒤로는 역사 공부를 할 때, 여러 책을 함께 보면서 확실하게 공부했다. 한편 잘못을 숨기는 것은 결국 그 잘못을 더 크게 만들 뿐 해결할 수는 없으므로 차라리 잘못을 솔직하게 말하고 바로잡는 것이 옳은 방법임을 깨달았다. 이를 통해 실수한 후에 어떻게 행동하느냐에 따라 피해 정도가 결정된다는 것도 더불어 배웠다.

❶ 자기소개서 전체가 전공 적합성과 관련해서 하나의 스토리로 연결되어 있다.
❷ 삼국지를 공부한 과정을 통해 역사, 영어, 수학 학업 능력이 우수함을 보여 주었다.
❸ 역사탐방 동아리 등 전공 관련 교내 활동을 이어나간 것이 긍정적으로 보인다.

02 외대부고

개조식 서술이 가능하다. 뛰어난 학업 능력이 가장 중요하므로 학습 과정 부분을 1000자 정도로 쓰길 권한다. 집단 창의성이나 활동 중심의 내용을 강조하는 것도 좋은 방법이다.

1 인문사회

진로   심리학자

도덕 시간에 제노비스 살인사건을 접하고 '나였어도 그 순간 방관자 그룹에 들었을까?'라는 의문으로 심리학 탐색을 시작했다. 사촌언니의 소개로 KOCW에서 김성삼 교수님의 '영화 속의 인간심리'를 수강하던 중 어릴 적 개에게 물린 후 개를 무서워하는 나의 심리가 트라우마 때문임을 알게 되었다. 유튜브에서 트라우마 치료법을 참고해봤지만 치료가 되지 않았다. 그 이유가 궁금해서 미국심리학회와 메일을 주고받으며 복잡한 심리문제에 비해 치료법은 한정되어 있음을 알게 되었고, 그때 개개인에 맞는 치료법을 개발하는 임상심리학자가 되기로 결심했다.

친구들과 문화와 수학에 대해 탐구하고자 수학 동아리를 만들었다. 활동 중《명화와 함께 떠나는 수학사 여행》(계영희)을 읽고 관심 분야에 대해 발표하는 프로젝트를 했다. 본문에서 성 역할의 고정관념이 없어지고 동서양의 문화가 수렴된다는 내용에 토폴로지의 개념이 어떻게 도입되었는지 이해가 되지 않았다. 저자인 계영희 교수님께 메일로 여쭤보니 토폴로지는 집합론에 뿌리를 둔 수학의 개념이지만 동시에 본질을 추구하는 시대정신이므로 심리학에 동일한 개념이 출현하는 것이라고 답변해주셨다. 토폴로지의 개념을 심도 있게 알고자《푸앵카레의 위상수학 이야기》(백석윤)를 읽었다. 두 도형이 열린구간에서 일대일로 대응이 되고 연속이 되어야 위상동형이 된다는 것을 확인하고 이를 통해 토폴로지처럼 대상을 인식하는 기준이 적을수록 본질에 접근하기 쉬워지고 심리현상에도 위상공간의 개념인 수렴이 작용함을 알게 되었다. 토폴로지의 매력에 빠진 나는 유한개로 나뉜 평면은 4가지 색으로 영역 구분이 가능하다는 것을 이용해 용인시의 행정구역을 단순화한 탐구 과정을 '쾨니히스베르크에서 용인까지'라는 주제로 풀어내서 토폴로지가 현실 속에 깊숙이 존재함을 발표했다.

나는 꿈에 대한 열정을 다양한 활동을 통해 구체화할 수 있는 곳이 외대부고라 확신하여 인문사회 과정에 지원했다. R&D 활동으로 철학과 뇌과학에 대해 탐구하고 AP psychology를 들을 것이며 동아리 Guardians에서 학생들을 대상으로 한 〈심리적 회복력과 혈액형의 관계〉에 대한 논문을 쓰겠다. 졸업 후 심리학과로 진학해 뇌-마음-행동 연계전공을 하고 보스턴 트라우마센터에서 경험을 쌓아 과거에 갇혀 현재가 없는 사람들에게 미래를 선물해주는 심리학자가 되겠다.

지적 장애인의 또래 상담자로 며칠을 함께 보냈을 때의 일이다. 한 자원봉사자가 장애인의 손을 잡아주는 모습을 보고 그들을 어색하게 대한 내가 초라하게 느껴졌다. 친해지고 싶었지만 대화가 잘되지 않았다. 그래서 그들의 입 모양, 표정과 몸짓에 집중하며 관찰했고 말을 건넬 때는 간단한 단어로 천천히 또박또박 말했다. 그러던 중 교통사고로 다리가 불편한 친구의 사연을 듣게 되었고 왜 건널목에서 머뭇거렸는지 이해하게 됐다. 그 친구에게 다시는 그런 일이 일어나지 않을 거라고 말하며 꼭 안아주었다. 이인삼각경기에서 우리는 다리가 세 개인 채로 한 몸이 되어 완주했다. 이를 통해 배려란 무조건적인 보호나 수긍이 아니라는 것을 깨달았고 소통의 중요성을 배웠다.

❶ 미국 심리학회와 메일을 주고받거나 계영희 교수에게 직접 질문을 하는 등의 모습은 학생이 알고자 하는 의지가 뛰어남을 보여준다.
❷ 전공인 심리학과 수학을 연계하여 수학적 능력이 우수함을 드러냈다.
❸ 본인의 공부를 다양한 활동으로 연결했다.

1 나는 언어학자가 꿈이다. 언어의 본질이 무엇이고 각 사회에서 어떻게 발전해왔으며 다른 언어와 접촉하면서 어떤 영향을 받는지 궁금하다. 영어·불어가 갈등관계에 있는 퀘벡 주 몬트리올에서 공부한 경험은 내게 많은 자극을 주었다.

2 캐나다와 미국, 영국 영어의 차이점 탐구

─퀘벡 역사 수업에서 퀘벡이 프랑스와 영국의 지배로 미국, 영국 및 캐나다 다른 주와 다른 언어 현상을 보인다는 점에 관해 에세이를 쓰면서 *English : history, diversity & change*라는 책을 찾아 공부했다. 〈역사·정치·지리적 관점에서 본 퀘벡 영어의 특징〉이라는 제목의 글을 발표하고, 이후 영어가 지역에 따라 보이는 차이점을 공부하는 계기가 되었다.

─영국 BBC 방송 Cabin Pressure 등을 반복 청취하여 같은 영어라도 사회에 따라 차이를 보임을 이해했다.

3 작품 분석 및 글쓰기를 통한 언어형식 이해

─키예스[Keyes]의 작품 분석 활동에서 작가는 특정 환경에 처한 사람들의 모습과 심리를 묘사하기 위해 문법과 철자법을 의도적으로 어긴다는 것을 배웠다. 문장이 정보전달용 매개만이 아니라 그 자체로 생명력을 가질 수 있음을 공부하여 "Intended Amnesia" 등 50여 편의 글을 담은 작품집을 발표하였다.

─1학년부터 교내 학교소식지 기자로 활동하면서 객관적 글쓰기 체험을 하였고 친구들과의 독서토론 동아리에서『힘 있는 글쓰기』(피터 엘보)라는 책을 통해 목적에 따라 글 형식이 다양해짐을 배웠다.

4 번역, 기계번역 체험

─커트 보네거트Vonnegut의 단편소설을 번역하며 영어 숙어구에 대응하는 우리말 표현의 부재를, 전래동화 번역 활동에서 의성·의태어, 가족관계어를 나타낼 영어 표현이 없음을 체험했다. 관용적인 표현을 번역하기 위해서는 그 언어 사용자들의 특정한 사회·문화적 환경을 이해해야 함을 깨달았다.

─구글 번역기는 대용량 메모리에 기반함에도 위 문제를 해결하지 못함을 확인하고〈영한 번역용 DB표〉만들기 활동을 하였다.

5 언어를 학문으로 연구하기 위한 수학 학습

─수학 시간에 '통계적 오류 찾기 탐색' 과제를 하면서 언어 연구에도 수학적 근거가 중요함을 깨닫고『언어, 컴퓨터, 코퍼스언어학』(강범모)이라는 책을 찾아 공부했다. 두 단어의 실제 빈도와 예상 빈도를 계산하면 '연어(連語)' 관계 여부를 알 수 있음을 배웠다.

─이후 국립국어원 '글잡이' 빈도 계산 프로그램을 통해 '15만 단어 기반 한국어 학습자용 고빈도 형용사 300개 목록'을 구축하여 기초어휘 작성에 고빈도어 통계가 필요함을 체험하였다.

6 나의 인성, 사회적 봉사

─국제앰네스티Amnesty의 Urgent Action에서 편지 쓰기 활동을 하

면서 글을 통해 세상의 부당함에 대응하는 가치를 배웠다.

 −몬트리올유태인요양원 노인들의 사회적 소통을 돕는 언어자극 프로그램 보조활동을 하면서 언어로 세상과 소통하지 못하는 사람들을 돕는 언어학자가 되기로 결심했다.

 7 세상의 언어가 사회와 관계 맺는 현상을 공부하는 것은 외국어 학습에 기반한 외대부고의 글로벌교육 환경 속에서 가능하다고 믿는다. 진학 후 라틴어나 프랑스어, 영문학 잡지 동아리에서 활동하고, 졸업 후 언어와 사회, 인간 사이 관계에 대한 신비를 밝혀내는 데 기여하고 싶다.

❶ 작품집, 번역 활동, 기자 활동 등 언어와 관련된 다양한 활동을 제시했다. 이로써 전공 적합성이 매우 두드러진다.
❷ 전공인 언어와 수학을 연결하여 수학에 대한 뛰어난 능력을 드러냈다.

진로　검사

 심도 있는 탐구 활동·논문 작성이 가능한 외대부고에서 생각의 가닥을 바르게 엮을 수 있는 인문·사회 영역 교과목 학습과 기숙사 생활, 동아리 활동을 통해 공동체 의식과 의사소통 능력을 향상시켜 법조인의 자질을 함양하고자 한다.

모의 법정 체험과 재판 방청 후 《법치란 무엇인가》(마리아나 발베르데), 《확신의 함정》(금태섭)을 읽었다. 상호 충돌하는 주장을 다양한 방향에서 분석할 수 있는 검사가 되자면 인문·사회적 통찰과 논리적 사고력을 함양하는 것이 중요함을 인식했다. 중1부터 신문과 논술서적을 통해 다양한 주제 선정 후 독서·논설문 쓰기에 주력했다. 중2 국어 시간에 〈대규모 집회 시 상인들의 재산권과 집회결사의 자유〉라는 주제로 논설문을 작성하고 논제의 쟁점을 양측의 생존권으로 파악했다. 헌법에 제시된 행복추구권, 집회결사의 자유, 재산권 보장을 논거로 채택하고, 6단 논법에 의거해 절박한 문제와 관련된 기본권이 우선되어야 한다는 논지를 구축하여 핵심 주장을 정리했다. 민주사회에서 우선하는 가치는 '사회적 성숙'으로 결론을 맺었다. 학술적 글쓰기 능력 배양을 위해 관련 내용을 찾던 중, 중3 때 SNUON의 '비판적인 사고와 글쓰기'를 알게 돼 비판적 사고능력과 언어능력을 연결하는 방법을 공부했다. 이를 활용해 중3 국어 시간에 〈비판적으로 의견 수용하기〉라는 보고서를 작성하고 이를 발표하며 자신감을 갖게 되었다.

방과 후 수학 토론반에서 친구들과 문제에 대한 실험과 토론으로 해결법을 공유하는 과정을 거쳤다. 비눗방울을 이용한 페르마의 정의 실험이 가장 흥미로웠고 이 외에도 다양한 방법으로 증명했다. 이때부터 수학 및 주변의 문제들에 대해 창의적인 사고 습관이 생겼다. 중2 때 과학 수행평가 탐구 보고서를 작성할 기회가 있었다. 법과 과학의 공조 부분을 파악해 보고자 주제를 〈지문의 이해와 분류〉로 선정하고 국외 자료를 찾고자 Pubmed라는 사이트를 검색했다. 법의학에서는 지문을 개인 인식 방법으로 사용하고 있다는 근거를 Science & Justice에서 확인했다. 직접 지인 35명의 지문을 채취하고 분류하여 가족 간 유사성이 높음을 관찰했다. Medical Science Law 저널을 읽고 지문 채취와 관련된 인권문제를 깊이 생각하게 되있다. 이를 통해 법적 결정에 과학을 어떻게 적용할 것인지에 대해 연구가 더 필요하다는 인식에 이르렀다.

우산을 갖고 차에 탈 때마다 느끼는 불편함을 줄이기 위해 친구들과 아이디어 제품으로 물빠짐용 우산 거치대를 제작하여 사용했다. 중1 때는 《바람을 길들인 풍차소년》(윌리엄 캄쾀바, 브라이언 밀러)이라는 책을 읽고 테드를 알게 되었다. 인문사회 분야 전문가들의 정제된 언어 구사와 강연 매너를 중심으로 반복 시청하고 쉐도우 스피킹을 훈련했다. 중3 교내 영어 말하기 대회에서 'For the Future'라는 주제로 꿈을 이루기 위해서는 열정과 몰입이 중요함을 강조해 호응을 얻었다.

중2부터 청소년운영위원으로 또래 청소년들과 사전회의 후 청소년 직업체험박람회 부스를 운영하고 홍보소식지를 제작했다. '청소년 활동 컨소시엄 공감 프로젝트'를 기획해서 산타로 분장한 뒤 저소득층 아동들과 수평적으로 소통하고 교내에서 1년간 학습나누미 동아리 장으로 활동하기도 했다. 이를 통해 교학상장의 의미를 깨달았다. 3년간 방송부원으로 매년 방송제 및 기타 학교 행사를 주도적으로 진행하기도 했다. 중3 학급 부회장으로서 발야구 응원단을 꾸려 즐겁게 어울렸다.

❶ 전공 적합성을 교내 학업 활동에 녹여서 중1부터 중3 때까지의 활동으로 연계했다.
❷ 과학 관련한 학습 내용을 진로와 연결했다.
❸ 수학, 과학, 영어 등에 대한 학업 능력이 우수함을 어필했다.

2 자연과학

진로 **산업디자이너**

| 미래 인재가 되는 꿈

만들고 그리는 것을 좋아하던 어린 시절의 남다른 재능과 호기심은 기계와 그 작동원리에 대한 관심으로 커져감. 다양한 문화를 경험할 수 있었던 학습체험 또한 예술적 감각과 창의성에 자양분이 됨.

테드 프로그램을 통해 MIT 비디어랩Media Lab 출신 산업디자이너인 이진하 씨를 접했고, 그가 속한 회사 EONE에서 고안한 시각장애인용 '브래들리 타임피스'라는 시계를 알게 됨. 산업디자인이 삶의 질을 바꿀 수 있다는 점에 감동받아 장애인은 물론 문명에서 소외된 사람들에게도 인터넷 세상을 공유할 수 있게 만드는 산업디자이너가 되겠다는 꿈을 가지게 됨. 기회가 주어져 '브래들리 타임피스' 후원 자선공연 포스터를 디자인하기도 했고, 이후 시각장애인을 위한 텍스트 기록 봉사활동도 더욱 열심히 하게 됨.

| 꿈을 향한 자율적 도전

과학탐구 동아리 QED를 만들어 첨단 과학과 통신 기술 분야에 대한 특별한 관심을 키움. 인간을 닮은 로봇, 헬스 케어를 위한 웨어러블 기기, 인공지능과 뇌과학 분야를 리서치하여 소논문 〈유비쿼터스 세상과 나〉를 작성함. 사물인터넷 세상이 될 미래에는 기기와 인간이 교감하는 DigiSensus 기술이 일상을 지배할 것이며, 기술혁신이 가속화될수록 더 인간적이고 감성적인 Warm Technology가 필요하다는 결론에 도달함.

  방과 후 과학연구반과 동아리를 통해 배운 다양한 지식들을 구체화하고자 아두이노 보드를 이용한 로봇 프로젝트를 계획함. 《아두이노, 상상을 스케치하다》(허경용)를 읽고 아두이노의 코딩 문법을 익혔고, 프로그래밍에 대한 학습이 필요하여 알고리즘의 기초가 되는 이산수학의 논리식 표현, 조합론, 수학적 귀납법 등을 연계함. 아두이노 라이브러리의 함수들과 논리식을 이용, 로봇의 움직임을 정의하는 코드를 완성. 상하 방향과 각도를 두 집합으로 두고 원소들에서 나오는 동작의 경우의 수를 조합을 통해 계산하였고, 연속 과정에서 패턴을 파악하기 위해 재귀관계와 수학적 귀납법을 이용함. 컴퓨터 알고리즘과 수학의 관계를 정리하고 블루투스와 시리얼 통신을 이용한 뱀 모양 로봇을 완성시킴. 이 과정을 통해 산업디자인에는 디자인 감각은 물론 공학적 지식이 중요함을 깨달음. 다양한 전공자들이 함께 융합방식으로 연구하는 MIT 미디어랩을 꿈꾸다 보니 외대부고의 ARC 활동이 큰 도움이 되리라 생각되어 자연과학 과정에 지원하게 됨.

| 함께 꿈을 이루는 창의성

2학년 영어독서캠프 창작물 경연에서 《코렐라인Coraline》(닐 게이먼)이라는 책을 소개하는 포스터를 조별로 제작함. 아이디어 제안과 계획 추진 과정에서 조원들의 비협조와 아이디어 빈곤 같은 문제가 지속됨. 그러나 곧 부회장으로서의 책임감과 디자인에 대한 나의 열정이 친구들을 변화로 이끎. 각각의 아이디어를 최대한 모두 반영하여 카툰이나 새로운 이미지에 접목하여 독특하고 유쾌한 디자인으로 발전시킴. 모두의 개성이 하나로 합쳐지자 겉돌던 친구들의 흥미와 관심이 모아져 결국 창의적인 포스터로 좋은 평가를 받음. 나의 창의성과 리더십이 유쾌한 변화와 성공적인 결과를 가져온 좋은 경험이었음.

❶ 과학 탐구 동아리 개설로 학업에 대한 의지를 드러냈다.
❷ 소논문과 프로젝트 활동으로 뛰어난 학업 능력, 특히 수학 학습 능력을 부각했다.
❸ 인성 활동도 전공 적합성과 연결해서 진로에 대한 열정을 보여주었다.

진로　수의사

1 동물과 사람의 공존을 위해 힘쓰고 역분화 줄기세포를 연구하는 수의사가 되기 위해 외대부고에 지원했다. 입학 후, 기르던 토끼가 완치 방법이 없는 피하농양으로 고생했기에 그 치료법을 연구하고 싶다. 또, 인터넷 오픈 강의인 강원대 수의학과 교수의 '인간과 동물', 서울대 농생명공학부 교수의 '삶의 혁명–생명공학', 줄기세포 연구를 겸하시는 수의사께 배운 내용을 바탕으로 ARC에서 생명공학을 공부할 계획이다.

2 수의사와 역분화 줄기세포 연구원의 자질을 기르기 위한 탐구.

❶ '비누의 세정력 비교'를 꿈나무 과학반 친구 2명과 연구했다. 《미생물 실험서》라는 책을 읽고 구체적인 실험 방법을 계획했다. 고체배지에 바로 배양하니 세균이 고르게 안 자라 동아리 선배의 조언을 듣고 액체배지에 세균을 먼저 배양한 후 항균 범위를 구했다. 일반 비누가 항균비누보다 세정력이 좋다는 결과가 나왔으며, 구글 뉴

스 검색을 통해 미시간대의 연구와 AMA의 발표를 보고 정당성을 확보했다. 10회 이상 시행착오를 겪으며 세균 실험에 관한 지식을 확장함. 실험 후 *March of the Microbes*(John Ingraham)를 읽고 동물들을 공격하는 바이러스에 대해 알아보았고, 질병 발병 원인과 예방법 모두 미생물에 있다는 아이러니를 알게 되었다.

❷ 7인 1조 팀의 팀장을 맡아 '무게를 최대한 버티면서 골프공을 넣을 수 있는 구조물을 만들고, 이를 포함시킨 연극을 구상해 발표하기' 프로젝트를 이끌었다. 결과물로 고고학자 하워드 카터가 투탕카멘 무덤을 발굴할 때 무덤 앞 돌을 치우기 위해 구조물로 무게 테스트를 한다는 설정의 연극을 발표했다. 무게 분산에 효과적인 트러스 구조를 이용하라는 선배의 조언을 듣고 벡터와 삼각함수를 이용한 라미의 정리에 대해 조사한 후 이를 적용시켜 27그램의 나무로 460킬로그램짜리 바벨을 견딜 수 있는 구조물을 만들었다. 이를 동아리 우주과학수업의 구조물 만들기, '종이로 무게 10kg을 버틸 수 있는 STEAM 가방 만들기'에 이용했다. 또 '무게를 가장 잘 버틸 수 있는 교량 만들기'라는 동아리 후배들의 산출물 실험 방향을 지도하기도 했다.

❸ 방과 후 활동에서 '양초를 연소시키면 물이 올라오는 이유', '속력이 일정하게 증가하는 운동과 속력 변화에 영향을 주는 요인' 등의 실험탐구를 조원들과 함께 진행하며 협동심을 길렀다.

❹ 3년간 도서부로 활동하며 문학 위주의 독서가 전문서적으로 확

대되었다. 《과학 콘서트》(정재승), 《쇼핑의 과학》(파코 언더힐)을 읽고 의문점 해결을 위해 자유 탐구로 '브라질 땅콩 효과를 예방할 수 있는 구조', '쇼핑의 과학을 백화점에 적용시킬 수 있는 방안'을 연구하는 등 학업에 독서를 활용했다.

꿈나무 과학반 동아리에서 활동한 3년긴 성은학교 봉사활동에도 참여했는데 중3 때는 실험조로 참여했다. '어떻게 하면 장애우들이 과학 실험을 좋아할까'라는 고민 끝에 '점묘법과 빛의 합성을 이용한 자석 만들기' 부스를 운영했다. 점묘법 프린트, 빛 합성표를 준비하고 장애우들이 실험에 쉽게 참여하도록 도안을 120여 개 그려 갔다. 과학 실험인데도 장애우들이 재미있게 활동한 후 자랑스러워하는 모습을 보고 나눔의 행복을 깨달았다.

 ❶ 활발한 동아리 활동이 두드러진다. 특히 탐구 과정을 구체적으로 잘 드러낸 것이 눈에 띈다.
❷ 독서, 선배의 조언, 영어 활용 능력, 수학적 능력, 동아리 선배로서의 지도 모습 등 다양한 활동이 녹아 있다.
❸ 3년 간의 도서부 활동을 통해 다독자라는 것을 말해주고 있으며 독서를 일상에서 탐구와 연결했다.
❹ 인성 영역은 짧은 에피소드지만, 과학 관련 활동, 성실성과 책임감, 나눔 등 학생이 지닌 면모가 잘 드러난다.

　작도를 배우면서 자와 컴퍼스 중 한 가지만을 사용해서도 도형을 그릴 수 있는지 궁금해 결손작도에 대해 탐구하였다. "Geometrical Constructions Using Compasses Only"와 "College Geometry" 등 외국 논문과 서적을 참고하여 GSP 프로그램으로 작도 가능함을 증명해 보았다. 이를 이용하여 삼각형의 오심과 구점원을 작도하며 이들의 성질에 대해 자세히 공부했고 원의 반전을 통한 결손작도의 증명과 반전작도와 결손작도의 관계에 대한 보고서를 작성했다. 작도를 연구하면서 3대 작도 불능 문제를 알게 되었는데 그중 각의 삼등분 문제가 삼각함수와 관련 있다는 것을 알고 증명해보았다. 《이야기로 아주 쉽게 배우는 삼각함수》(더글러스 다우닝)를 읽고 기하적인 증명을 통해 삼각함수 각도 합의 공식을 유도하고 3배각 공식을 이끌어내 코사인^cosine 값이 작도수가 아니기 때문에 작도가 불가능함을 증명할 수 있었다. 이를 통해 작도란 단순히 순서에 따라 도형을 그리는 것이 아니라 작도하려는 도형의 성질에 대한 깊이 있는 지식과 논리적인 사고가 필요한 것임을 깨달았다.

　사회 수행평가로 관광 안내 팸플릿을 만들 때 프랑스 국토를 그리면서 울퉁불퉁한 경계를 보고 면적을 어떻게 계산하는지 궁금해졌다. 《지도 읽기와 이해》(윤경철 외)라는 책을 통해 현재 쓰이는 방안법, 평행 분할법에 대해 알아보았고 이를 이용하여 프랑스와 경기도의 면적을 계산해보았다. 방안법을 이용해 방안 눈금 위에서 도형의 위치를 조금씩 변형하여 도형의 면적을 계산하면 좀 더 정확한 결과를 얻을 수 있을 것이라 생각하였고 이를 통해 오차가 줄어든 경기도 면적 계산 결과를 얻을 수 있었다. 기존의 면적 측량 방법의 보완점을 찾아보면서 일상생활에서도 수학이 유용하게 이용된다는 것을 알게 되었고 기하학과 위상수학을 연구하는 수학 교수가 되고 싶다는 꿈을 갖게 되었다.

학생 중심 수업을 통해 창의력과 표현력을 높일 수 있는 외대부고에 진학하게 된다면 교육봉사 동아리에서 수학을 어려워하는 학생들에게 수학과 공부의 즐거움을 알려주고 싶고, ARC 프로그램을 통해 전통 노리개의 매듭에 대한 논문을 작성하고 싶다. 졸업 후에 세계적으로 영향력 있는 수학 교수가 되어 우리나라의 수학 인프라를 체계적으로 구축해나가 많은 사람들이 수학에 관심을 가질 수 있도록 할 것이다.

중학교 2학년 때 과학 UCC 동아리 활동을 하면서 친구들이 소화효소 이름을 외우기 힘들어하는 것을 보고 소화효소의 이름과 기능, 분비되는 기관을 쉽게 외울 수 있도록 소화효소 노래를 만들었다. 이를 통해 나는 정보를 이해하기 쉽게 전달할 수 있는 방법에 대해 생각하고 고민해볼 수 있었고 친구들은 소화효소에 대해 쉽게 암기할 수 있었다. 혼자서 하는 공부보다 친구와 함께 서로 도움을 주고받으면서 하는 공부가 훨씬 더 값지고 의미 있다는 것, 나눔은 다른 사람이 행복해질 뿐 아니라 나도 행복해질 수 있는 가치 있는 일임을 깨달았고 앞으로도 나의 재능을 이용해 나눔을 실천해나가고 싶다.

 ❶ 대학 과정 수준의 수학 탐구를 통해 전공 적합성을 우수하게 드러냈다.
❷ 탐구 과정에서 스스로 증명한 과정을 구체적으로 드러냄으로써 학업 능력을 증명했다.

진로　흉부외과 의사

지리산 자락에 살면서 핏줄이 튀어나온 채 죽은 뱀, 자두를 순식간에 먹어치우는 새, 태아 수정 프로그램을 보고 생명에 대한 호기심으로 병아리 부화실험을 함. 알을 깨고 나오는 생생한 탄생 과정을 함께하며 '어떤 생명도 존귀하다'는 것을 깨닫고, 현대의학의 한계로 생명 유지가 힘든 환자들을 위해 수술법을 연구하는 흉부외과의의 꿈을 초등학생 때부터 키워 왔음. 체육대회 때, 참가 종목의 인원 제한 문제를 친구들의 의견을 충분히 수렴해 해결. 친구들의 동의를 얻고 나의 의견과 조율하는 과정에서 나의 협력하는 리더십을 느낄 수 있었음. 이러한 리더십이 바탕이 된다면 흉부외과의가 되어 수술과 연구를 진행할 때 다른 분야 의사들의 의견까지 종합할 수 있는 융합적인 리더가 될 수 있다고 생각함. 그 자질을 외대부고에서 기르고

174

싶어 지원하게 됨. 입학 후에는 전문화된 공부 방식을 통해 글로벌 지식인의 자질을 키우고, 미래록동아리를 만들어 친구들과 함께 성장해 나갈 계획.

학습 과정은 교과내용을 확장하는 탐구를 즐긴다. 과학 교과서에 나오는 개념체계도를 만드신 김영수 교수님의 개념체계도 강의를 듣고 개념체계도가 복잡한 자연현상의 전체 흐름을 읽는 데 효과적이라 생각해 과학 공부 및 탐구에 적용. 자외선 피해가 심한 여름, 피부 트러블을 일으키는 여러 자외선차단제 대신 해조류 자외선차단제가 나왔다는 기사를 읽고 직접 만들기 위해 9개월간 실험. 논문 〈자외선과 온도변화에 의한 해조류의 산화적 손상에 대한 항산화계의 역할〉을 읽고 해조류의 자외선투과도를 알아보는 실험을 하기 위해 실험기구를 만들고 해조류 분말의 자외선투과도 측정. 자외선차단물질이 해조류 자체인지 해조류 내부의 성분물질인지 알아보기 위해 화장품을 개발한 연구팀에 문의하여 자외선차단물질이 성분물질 Biomass201F라는 팁을 얻을 수 있었음. 한국해조류학회를 통해 이 성분물질이 수용성이라는 것을 알게 되어 해조류에서 추출해 탐구를 진행할 수 있었음. 실험기구 성능 평가한 가실험을 통해 해조류의 자외선투과도를 알아본 본 실험들의 관계를 해석해 결론을 내는 효과적 탐구방법을 이 실험에서 알 수 있었음.

책 《H_2O》(필립 볼)를 읽고 과학 일기에 물에 대한 탐구일지를 쓰면서 유로파에 물이 있다는 내용을 읽고 소설을 연재하고 탐구보고 서로도 정리. 또 낙동강 환경오염으로 인한 물 분쟁 해결안에 대해 글을 쓰며 다방면으로 물에 접근.

흥미로운 수학 원리를 적은 생각노트 작성. 예를 들어 국어의 문장구조가 수학의 분배법칙과 같은 원리라고 생각했음. 또 왜 자연에서 토네이도 같은 원이 다각형보다 많이 나타나는지 탐구. 이를 통해 원에 흥미를 갖고 원 위의 한 점을 회전시켰을 때 만들어지는 사이클로이드의 용도를 정리하고 9개월 동안 구조물을 만들고 스토리를 구성하는 모둠활동에 적용. 큰 하중을 버틸 수 있는 구조물을 만들다 구조물 자체의 무게 때문에 한계에 부딪침. 그러다가 원으로 만든 중국 팀의 구조물에 대해서 연구해 구조물의 가장 적합한 형태를 찾음.

많은 수학적 계산이 필요했는데 계산 방법에 대한 의견 차이가 심하던 중, 의견에서 장점을 뽑아 서로 이해하도록 노력. 이를 통해 갈등은 타인 존중으로 해결할 수 있다는 것을 깨달음. 이 태도는 전교 부회장으로서 학생들의 장난 때문에 설치하지 못했던 화장실 휴지설치안을 선생님의 동의와 학생들의 협조로 통과시키는 데 도움이 됨. 또 후배와 친구들에게 요점 정리 프린트를 주거나 나의 학습방법을 공유하면서 보람된 학교생활을 함.

176

❶ 개념체계도(공법법)-그것을 적용한 사례-9개월간 실험, 탐구-논문 읽고 실험기구 만들고 연구팀에 문의하는 등 의지와 열정 등에서 뛰어난 능력이 돋보인다.

❷ 첫 번째 탐구 내용에서 짜임새가 보이며 그 밖의 나열식 활동 내용도 우수하다.

❸ 장기간 실험과 탐구를 한 것은 입시를 위한 활동이라기보다 순수한 학문 의지로 보인다. 그래서 끈기와 인내심이 깊이 있는 탐구로 이어졌음을 추측하게 되고 이는 입학사정관에게 진정성 있는 활동으로 읽힐 수 있다.

3 국제

진로 | 국제회의 기획자

중1 때 다녀온 국제회의 기획자 탐방 이후 진로를 결정했고 중2부터 문화홍보기획단, 청소년운영위원회, ○○시 차세대위원회를 하며 홍보 및 기획과 같은 국제회의 기획자로서 갖추어야 할 자질을 키우려 했다. 외대부고의 PBLC, EBC 등을 통해 경제학과 외국어를 공부할 계획이고 졸업 후 국제회의 기획자로서 빈곤국의 경제발전을 도울 수 있는 국제회의를 개최하고 싶다.

〈국제회의 기획자를 꿈꾸다〉

1 역사 논술 수행평가 주제 : 일본의 독도 영유권에 대한 대응

❶ 이선호의《독도를 일본에 빼앗기지 않으려면》을 읽고 일본 주장에 반박 가능한 근거 조사.

❷ 기사 'South Korean singer swims into island dispute with Japan'과 댓글을 번역해 독도에 대한 대중의 시각을 알아보았다. 독도는 한국인에게만 특별하니 다른 문제에 관심을 가지라는 댓글을 통해 독도에 대한 관심이 부족함을 느꼈다. 이에 대해 서술하고 실질적인 홍보가 이뤄질 수 있는 방법을 발표했다.

❸ 평화적인 영토 분쟁 해결을 위한 국제회의 유치에 관심을 갖게 되었다.

2 영어와 경제학을 공부하기 위해 칸 아카데미 수강

❶ 환율과 물가에 대해 재밌게 들었다.

❷ 특히 환율이 세계경제에 많은 영향을 준다는 것을 알게 되었고 더 깊이 공부하고자 홍완표의《환율의 경제학》을 읽어 해외시장에서 국내 제품과 경쟁하는 경쟁국 통화가치의 변화에 따른 환율효과와 환율변화가 기업 수익에 미치는 영향에 대해 알게 되었다.

❸ 경제학에 더 흥미를 갖게 되어 공부하고픈 마음이 커졌으며 빈곤국의 경제발전을 도울 수 있는 국제회의를 유치하겠다는 목표도 더 확고해졌다.

〈자유학기제, HOW?〉

1 과제탐구 동아리 개설 후 자유학기제의 도입과 나아가야 할 방

향에 대한 논문 작성

❶ 학생들의 진로계획 여부를 알아보기 위해 전교생을 대상으로 설문조사를 진행했다.

❷ 응답자 250명 중 189명이 '진로 계획이 없다'고 답했다. 이 결과를 두고 청소년의 진로 선택 문제와 자유학기제의 허술한 구조에 대해 문제 제기했다.

❸ '학생들의 꿈과 끼를 찾아주기 위해 갖춰야 할 프로그램'에 대한 의견을 모으며 제도적으로 잘 시행되고 있는 아일랜드, 영국 등의 사례를 조사했다.

❹ 결론 도출 : 자유학기제 기간 동안 희망 직장의 인턴으로 일할 수 있는 기회를 주거나 학교에서 학생들이 원하는 강의 개설이 필요하다. 이를 위해 자기 이해를 최우선적으로 해야 하며 활동보고서를 쓰거나 주제를 정해 스스로 탐색하고 PPT를 하는 등 읽고 푸는 방식 외에 다양한 방법으로 문제해결 능력을 키워야 함을 결론으로 내렸다.

문화홍보기획단 활동의 주목적은 기획단 홍보였고 관련 활동 중 팔찌 제작 방법을 가르쳐주는 활동이 있었다. 난 팔찌 제작을 가르치는 일을 맡았는데 활동 중 지체장애 아이가 밖에서 머뭇거리고 있기에 같이 참여하자며 데려왔다. 설명을 알아들을 수 있을까 걱정했지만 다른 아이들과 같은 방식으로 설명했다. 처음에 끈 4개 엮기를 어려워했는데 "괜찮아, 할 수 있어"라고 격려하며 천천히 알기 쉽게 설명해주자 누구보다 열심히 집중해 작품을 완성했다. 이를 통해 인내심을 갖고 격려하며 눈높이에 맞춰 설명해준다면 상대방이 자신감을 얻고 최선을 다할 수 있다는 것을 알았다.

❶ 보통 국제과는 끼워 맞추기식 진로와 활동을 넣는 경우가 많은데 이 경우엔 국제과에 진학하려는 이유가 명확하다. 또한 매우 활발한 교내외 활동을 추진하고 기획한 사실들을 통해 전공 적합성이 드러난다.
❷ 그 밖에 독도 문제, 경제 공부, 동아리 개설, 논문 작성 등 학업과 관련된 활동 역시 다양하게 보여주고 있다.

> **진로   경제학자**

1 사회 시간에 '기아의 뿌리'를 주제로 발표 수업을 진행했다. 아프리카를 범위로 하여 분야별, 상호 연관성을 중심으로 접근했다.

❶ 역사적 관점 : 《처음 읽는 아프리카의 역사》와 《아프리카─500만 년의 역사와 문화》라는 책을 참고했다. 중앙아프리카 내전을 예로 들어 식량이 불공평하게 분배되는 과정을 구글에서 찾은 사진을 바탕으로 친구들에게 스토리텔링식으로 설명해주었다.

❷ 사회적 요인 : 《탐욕의 시대》를 읽고 인위적인 식량가격 조작이 기아 현상을 가속화시키고 있다는 것을 알게 되었다. 단일 경작이 아프리카 무역에 미치는 영향을 알아보기 위해 WTO 사이트에서 2012년

세계무역지표를 찾아보고 통계 수치를 PPT에 삽입했다. 아프리카의 농작물과 산업 원자재의 대부분이 유럽으로만 수출되고 있었다. 세계가 이처럼 원자재 전쟁을 하고 있는데 무역을 유럽에 의존한다는 것이 매우 위험함을 주장했다.

❸ 환경오염 : 사막화가 확산되어 농작물 생산량이 줄어들어 식량이 줄어든다는 내용의 신문을 읽고 이슬점을 이용한 이슬축적 물 공급장치를 불균형한 농작물 생산의 해결방안으로 제시했다.

❹ 해결 방안 : '동아프리카의 눈물과 희망'이라는 동영상을 보여주며 투기 목적의 식량 거래, 품귀현상, 덤핑현상의 근절로 상황을 개선할 수 있다는 것과 자발적 기부가 중요함을 전했다. 전국재해구호협회에서 주최한 캠페인에 참여하여 기아에 시달리는 아이들에게 티셔츠를 만들어 보냈고, 유니세프에 기부하고 있다.

2 코스웨어에서 '통계로 읽는 사회와 경제'를 듣고 경제와 통계의 밀접한 연관성을 알게 되어 통계를 공부했다. 《수학, 인문으로 수를 읽다》(이광연)를 읽고, 적분과 통계와 관련된 불평등 지수를 나타내는 로렌츠 곡선과 지니계수를 접하고 호기심을 느꼈고 '지니계수를 활용한 생존기간 불평등의 변화양상 분석'이라는 논문을 통해 지니계수의 쓰임에 대해 공부했다. 그 후, 한국은행에서 코스피와 재고순환지표, 경기실사지수, 경기선행지수 등의 지표를 보고 해석해보았다. 이런 과정에서 통계를 공부한 후 경기선행지수를 보완할 수 있는 지표를 만들겠다는 목표를 갖게 되었다.

3 외대부고의 PBLC로 세계인과 소통할 밑거름을 쌓고, 기숙사 생활로 자립성을 기를 수 있을 것으로 생각한다. 입학 후 즐겨 읽던 경제학 서적을 바탕으로 The Economist에 들어가 공부할 계획이다. 졸업 후 컬럼비아 대학교 경제학과에 진학하여 코세라 강의 'The age of sustainable development'를 통해 알게 된 제프리 삭스와 같이 경제학 책을 쓰고 싶다. 국제부흥개발은행에서 융자 조건을 완화하여 개발도상국들의 공업화 준비에 이바지할 것이다.

4 2년 동안 악극 동아리 활동을 해왔다. 부장으로서 공연 연습, 간식, 의상, 무대 장비 설치 등 모든 것을 총괄하고 연기도 했다. 친구들이 축제를 앞두고 힘들다며 불만을 토로하기도 했다. 친구들이 공연 스트레스로 힘들어하는 것 같아 방향을 틀어 서로 맞지 않는 부분만 개인적으로 연습을 한 후 전체 연습을 했다. 주어진 시간 안에 최대한 효율성을 끌어올려 친구들이 더 활기를 띠게 되었다. 악극 동아리는 나에게 다른 사람들과 같이 호흡하는 법을 알려주었다.

❶ 전공 적합성을 위해 '기아의 뿌리'를 주제로 한 탐구 과정을 매우 구체적으로 드러냈다.
❷ 탐구 과정에 다양한 활동(독서, 영문 사이트, 영문 강의 활용, 동영상, 캠페인 등)이 녹아 있다.
❸ 경제−통계−수학으로 연결 지어 우수한 학업 능력을 드러냈다.

난 카멜레온이다. 학교에서는 축구광이지만 밖에선 피아니스트다. 불우 어린이들을 위한 피아노 연주 봉사활동을 하며 가난한 어린이들에겐 경제적 도움이 더 시급하다고 느꼈다. 돈을 벌어 사회공헌도 하고 평화로운 세상도 만들고 싶었다. 그래서 난 경영인이 되겠다고 다짐했다. 특히 내가 좋아하는 축구와 경영을 접목해서 축구 에이전트가 되고 싶다. 중학교 때 쓴 소논문 〈광고가 인간의 비합리적인 소비에 미치는 영향 연구〉도 이러한 나의 꿈을 이루기 위한 기초작업이었다. 고등학교를 졸업하면 축구 시장이 발달한 영국으로 유학가 스포츠 마케팅을 진공할 계획이다.

글로벌 축구 에이전트가 되기 위해 외국어 구사 능력은 필수다. 그래서 CNN 뉴스를 즐겨 들으며 영어 실력을 키웠다. 어려운 시사용어가 나오면 〈코리아 헤럴드Korea Herald〉 같은 영자신문을 읽으며 어휘력을 쌓았다. 영자신문을 읽을수록 사설이나 칼럼이 재미있어 나만의 스크랩북을 만들게 됐다. 스크랩북을 탐독한 덕분에 G20 정상회의 형태로 진행한 회의에서 온실가스 감소의 중요성을 논리적으로 주장할 수 있었다. 또 학교 동아리인 '모의UN, 모의법정'에서도 유창한 영어로 토론을 이끌었다. 이렇게 쌓은 영어 학습법을 다른 학생들에게도 전수하고 싶었다. '토요행복학교' 멘토인 나는 저소득층 초등학생들에게 영어 공부법을 알려주며 배려와 나눔을 실천했다. 축구 에이전트는 지도자들과의 인적 네트워크 역시 중요하다. 대통령을 인터뷰했던 청와대 어린이 기자 경험을 토대로 영자신문 학생기자와 청소년을 위한 신문기자로 활동하면서 각계각층 사람들을 만나 간접 경험도 얻고 지식도 넓힐 수 있었다. 비즈니스 협상을 위해선 논리적 사고력을 갖추는 것이 기본이다. 수학 과목의 '증명식 공부 방식'을 통해 '왜'라는 문제의식을 갖게 된 것이 사고력을 키우는 데 도움이 됐다. 특히 '원과 직선'이라는 단원이 그렇다. 원주각, 원과 접선이 이루는 각의 관계, 원과 비례 등을 하나하나 증명하며 수학적 이해 능력을 키웠고 영어수학 시간에는 '아폴로니우스 원'에 대해 발표하며 영어 자체가 논리적인 언어라는 것도 느꼈다. 수학에 재미가 붙으면서《박사가 사랑한 수식》(오가와 요코),《수학의 유혹》(강석진) 등 관련 서적도 읽었다. 수학을 통해 배운 논리적 사고력은 일상생활은 물론 다른 과목 공부에서 성적을 향상시키는 데 많은 도움이 됐다.

중학교 3년간 축구부 주장과 학생회 간부, 학급회장 등을 맡아 리더십을 키웠다. 이런 리더십을 더욱 키우고 나의 꿈을 실현하기 위해서는 창의성과 평화를 중점적으로 교육하는 고등학교에 들어가야 한다고 생각했다. 어려서부터 외국에서 영어와 중국어를 쓰면서 자랐지만 외대부고에 입학하게 되면 외국어를 더 깊이 공부할 계획이다. 또 '벤처기업 창업연구회'라는 동아리를 만들어, 바이오미캐닉스를 활용해 일반인과 프로선수들의 운동 역량을 키워줄 수 있는 벤처기업 창업안도 만들어보고 싶다. EBC, 원어 교육, 토론과 발표 위주의 수업, 인성 교육과 다양한 진로 맞춤형 프로그램이 있는 외대부고는 나의 꿈을 이루기 위해 꼭 입학하고 싶은 최고의 학교다.

❶ 외국어 능력, 소논문 작성, 기자 활동 등 다양한 면모가 엿보인다.
❷ G20 형태의 회의, 모의 유엔 등 국제과와 관련한 활동을 부각했다.
❸ 수학적 능력을 활용했다.

03 상산고

학교생활기록부를 바탕으로 자기소개서를 작성해야 한다. 상산고 지원자 중에는 의사를 희망하는 학생이 많은데 의사가 되어 아픈 사람들을 위해 봉사하겠다 같은 일반적인 내용은 피하는 것이 좋다.

상산고는 2016학년도부터 다른 학교와 달리 '독서' 항목이 추가되었다. 글자 수는 띄어쓰기 포함 2,000자 이내이니, 독서를 제외하고 학업 활동을 쓸 수 있는 분량이 타 학교에 비해 적다. 독서에 수준 높고 학구적인 독서 활동을 적도록 유념하자.

진로 | **미생물학자**

1학년때 관심 분야가 같은 친구들과 함께 단세포 생물인 유산균을 배양하는 실험부터 동물 해부까지 다양한 실험을 했다. 이 과정에서 간단한 구조만으로 생명 활동을 하는 미생물이 인상 깊었고 더 나아가 핵산과 단백질만으로 많은 질병을 일으키는 바이러스에 관심이 생겼다. 바이러스에 대해 더 조사하며 온라인에서 'How Viruses Work' 강의를 접하였고 내용을 번역, 정리하며 다양한 전문용어를 익히고 바이러스의 정의, 종류부터 바이러스의 방출 단계까지, 바이러스에 대한 전반적인 지식을 쌓았다.

이후 칼 짐머의 〈바이러스 행성〉을 읽으며 내생 레트로바이러스에 흥미를 느껴 레트로바이러스의 생존 방식과 특이성에 대해 학습했다. 인간 유전자의 약 8퍼센트가 내생 레트로바이러스의 DNA 조각이며 이 위험한 바이러스가 역설적으로 인간의 탄생에 핵심적인 역할을 한다는 사실이 인싱 깊었고 바이러스의 양면성에 대해 생각해 보았다. 이 책을 통해 미생물학자가 나아가야 할 방향에 대한 생각을 정립하였고 다양한 인문학적 지식을 활용한 재치 있는 개념 설명이 인상 깊어 저자의 다른 글들을 찾아 읽어보았다. 크리스퍼 유전자 가위를 이용한 유전자 편집의 미래를 예측한 칼 짐머의 내셔널 지오그래픽 칼럼을 읽고 수업시간에 유전자 조작, 편집의 정당성과 생명 윤리에 대해 토의하였다. 우리는 기술 혜택을 고려하여 윤리적인 제도와 감시 아래 치료를 목적으로 연구가 계속되어야 한다는 결론을 내렸다.

이 토의 과정에서 읽은 〈한국 생명공학 논쟁〉에서 특히 황우석 사태를 통해 생명공학을 경제적인 수단으로만 보고 상업화를 추진하는 정부와 정보를 비판적으로 수용하지 못하는 국민의 모습이 과학을 대하는 우리의 태도를 보여주며 이를 극복하기 위해서는 '생명윤리법' 제정의 배경이 된 '논쟁의 긍정적 기능'이 필요하다고 생각했다. 또한 저자가 주장한 생명공학 거버넌스의 시민 참여로 과학기술의 민주적 통제를 이루어나가는 것이 바람직한 생명공학의 미래라고 생각했다.

수학동아리 활동으로 수학적 탐구력을 키워나갔다. 특히 테셀레이션을 탐구하며 테셀레이션이 가지는 수학적 원리에 대해 조사하고 부등식과 부정방정식을 이용해 정다각형, 준정다각형 테셀레이션의 가능한 조합을 알아보았다. 이러한 탐구활동을 바탕으로 헤슈타일링을 이용해 직접 테셀레이션을 제작하고 벽지 무늬 패턴을 이용하여 피타고라스 정리를 확인해봄으로써 수업 내용에 대한 이해도를 높였다. 조사 과정 중 세포 자동자에서 테셀레이션을 찾을 수 있다는 점에 흥미를 느껴 탐구해보았다. 비록 어려운 도전이었지만 우리는 1차원 세포 자동자의 종류인 '룰 30 세포 자동자'를 엑셀로 직접 구현하며 카오스 이론처럼 무질서해 보이는 복잡성 속에서도 테셀레이션 구조를 확인하였다.

막연히 생물학자를 꿈꿨던 나는 에볼라 사태를 겪으면서 질병의 근본적인 원인이 되는 바이러스, 세균 등을 연구하는 미생물학자가 되겠다고 결심하였다. 진로가 바뀐 후 기초과학과 공학을 발전시켜 사회에 기여하는 인재를 만들고자 하는 상산고의 설립 취지가 남다른 의미로 다가왔고 고민 끝에 정한 진로인 만큼 자유로운 분위기에서 원하는 공부를 하며 스스로 미래를 책임지고자 지원했다. 입학 후 생명공학 동아리, SM에서 이제까지의 학습을 바탕으로 '미생물'에 대해 심화 내용을 탐구하고 생명 윤리에 대한 다양한 의견을 나누고 싶다. 졸업 후에는 IBS에서 생명공학 분야를 연구하고 병원 미생물학의 발전을 이끌어 많은 이들을 돕는 미생물학자가 될 것이다.

독거노인 도시락 배달 봉사를 통해 그분들의 열악한 환경을 접했고, 안타까운 마음에 도움을 드리고자 학교 내에 일일 카페를 여는 것을 계획하였다. 사회적 약자를 돕는 방법으로서 사회 시간에 배운 공정무역을 카페에 접목하여 전교 부회장으로서 대위원회를 중심으로 카페를 운영하였고 수익금으로 생활 필수품을 구매하여 독거노인 분들께 전달하였다. 이를 통해 봉사의 연계성과 나눔의 가치를 경험하고 배웠으며 전교생 모두에게 독거노인 분들의 생활과 공정무역을 알리고 스스로 봉사에 참여하게끔 유도하는 과정에서 봉사의 당위성에 대해서도 많은 고민을 할 수 있었다.

 ❶ 생명공학과 관련된 독서 활동을 선택하였고 추가 활동으로 연결시켰다.
❷ 두 번째 책으로 진로와 관련해서 가져야 할 윤리 의식을 나타내며 인문학적 사고 함양을 보여주었다.
❸ 수학 탐구 활동으로 수학적 우수성을 보여주었으며 창의적인 리더십과 봉사 활동 사례를 보여주었다.

'유전자 치료의 현황과 윤리적 쟁점'이라는 논문을 읽고 다양한 유전병과 현재 사용되는 유전자 치료법의 많은 부작용을 알게 되어 새로운 유전병 치료법을 연구하는 생명공학자가 되기로 결심했다. 유전병의 발생 원인과 치료법에 대해 보고서를 작성하며 'Gene editing : not just for translation anymore' 논문을 참고하여 유전자 편집 기술을 알게 되었고, 이 방법이 유전병 치료의 해결책임을 깨달았다. 나아가 유전자 편집 기술을 발전시켜 유전병을 치료할 수 있는 수준으로 만드는 것을 목표로 삼고 탐구적 지성인을 양성하는 상산고 진학을 결심했다. 입학 후, 생명과학 동아리에서 유전병 치료에 도움을 줄 3세대 유전자 가위 CRISPR에 대해 탐구하고 유전자 가위의 윤리적인 문제에 대해 학생들과 의견을 나누고 싶다.

학교에서 물맛이 이상하다는 아이들의 말을 듣고 수돗물과 생수의 차이점이 궁금해 탐구를 진행했다. 우리나라 수돗물 산업의 실태를 파악하며 인간에게 위험을 끼칠 수 있는 여러 요소들을 중심으로 생수와 수돗물의 생산 과정, 유통 과정, 물로 인한 여러 가지 질병들을 조사했다. 또한 반 친구들을 대상으로 설문 조사를 한 결과 수돗물에 대한 선입견을 알게 되었고, 물 시음 테스트를 하여 수돗물과 생수의 맛 차이가 없음을 밝혀냈다. 또한 여러 종류의 물을 한 달 동안 상온과 실온에 방치하고 COD, DO, 세균 테스트를 진행하여 물의 변질

속도와 성분 역시 큰 차이가 없다는 것을 알 수 있었다. 실험을 진행하면서 혼자 힘으로 과학적 탐구를 설계하고 진행하는 능력을 길렀으며 탐구 과정에서 발생하는 문제들을 해결하는 법을 알게 되었다.

요시다 요이치의 《0의 발견》을 읽고 인도에서 사용되던 독창적인 명수법과 자리잡기 기수법이 0을 탄생시켰다는 사실이 인상 깊었다. 이 0이 중세에 유럽으로 넘어가 필산이 가능해져 주판이 사라지고 종이가 생겨남에 따라 인쇄술이 발달해 유럽의 종이 제작과 수출 판도를 좌지우지했다는 사실을 통해 수학이 문명을 지배하고 있음을 깨달았다. 이후 〈문명과 수학의 기원〉이라는 강의를 듣고 현대 수학의 핵심은 실용적인 수학과 추상적인 수학의 결합이라는 것을 깨닫고 수학 동아리 활동에 영향을 받았다.

그 중 가장 기억에 남는 활동이 퍼지 이론이다. 불확실성을 수학적으로 표현해 그래프로 나타내는 것이 잘 이해가 되지 않아 뜨거운 물의 집합을 만드는 실험을 했다. 그 결과, 동아리 부원들과 함께 45도 이상의 물부터 뜨거운 물의 집합에 속하는 소속도가 커진다는 결과를 낼 수 있었고 결과를 수식화시켜 함수 그래프로 만들었다. 이 활동을 통해 불확실성을 수학으로 표현하는 법과 수학이 발전해 나가야 할 방향에 대해 생각해볼 수 있었다.

도덕 시간에 사상의 흐름을 배우며 모호한 개념이 이해가 가지 않아 《장자》를 읽으며 새로운 시각을 가질 수 있었다. 춘추전국시대와 관련지어 '개인의 해탈'이라는 측면이 부각되었음을 이해하고 '무위'

의 개념을 노자의 '도덕경'에 제시된 4가지로 분류된 지도자의 모습에 적용해 올바른 지도자의 태도를 해석해보았다. 도가에서 주장한 '과정'의 중요성, '영원한 지금'이라는 개념이 잘 와 닿지 않는 이유가 현재 '유위의 문화'에 가득 찬 세상에 살고 있기 때문임을 깨닫고 목적 지향적 삶을 비판해 보았다. 3가지 메시지를 우화와 관련지어 이해하며 특히 삶과 죽음의 이분법이 잘못되어있다는 주장을 통해 김만중의 소설《구운몽》의 결말이 가지는 의미를 다시 해석해볼 수 있었다.

중학교 1학년 때부터 3년 동안 꾸준히 혜림원 봉사를 다니며 배식, 설거지, 방청소, 분리 수거 등의 활동을 했다. 처음에 갔을 때는 지적 장애인 분들께서 나와 함께 있는 것을 부담스럽게 느끼시는지 말을 걸어도 대답하지 않고 모른 체하셨다. 어느 날, 그분들께서 축구하시는 모습을 보고 축구를 좋아하는 나도 먼저 다가가 함께 운동을 하면서 가까워졌다. 그것을 계기로 운동, 산책, 대화 등을 통해 이제는 차에서 내리기만 해도 먼저 다가와 반겨주신다. 이를 통해 나눔은 거창한 것이 아니라 작은 관심을 가지는 것임을 깨달았다.

❶ 진로를 갖게 된 계기, 지원 동기까지 학업적 역량을 보여주는 활동으로 나타내었다.
❷ 수학 관련 도서를 고른 후에, 확장 탐구로 동아리 활동과 연결시킨 점이 눈에 뜨인다.
❸《장자》라는 인문 고전에 대한 독후감 활동에서《구운몽》이라는 추가 독후감 활동으로 연결지었다.

　내가 기억하는 어릴 적의 나는, 슈퍼마켓에서 숫자판을 사달라고 할머니에게 조르고 있었다. 할머니는 숫자판을 사 주셨고, 나는 그것을 가지고 오랫동안 숫자공부를 했다. 중학교 입학 후에도 수학에 관심을 가져 고난도 문제가 수록된 문제집을 찾아 풀었다. 문제집에는 생소하게 느껴 풀지 못한 문제들이 있었는데, 이들을 분석하니 모두 이산수학 문제라는 것을 알게 됐다. 그중에서도 정수론은 복잡한 수식이 논리적 사고를 통해 간단한 식으로 바뀌어 명확한 답이 나온다는 면에서 매력적이었다. 하지만 그때까지는 정수론은 아름다운 수학일 뿐, 실생활에 영향을 줄 수는 없을 것이라고 생각했다.

　이러한 생각은 중학교 2학년 때, 책《암호의 세계》를 읽고 바뀌었다. 많은 암호는 정수론 개념을 기초로 하여 만들어진다. 비제네르 암호가 합동식의 원리를 이용한다는 사실, 즉 어떤 수로 나눈 나머지가 같은 수를 동일하게 취급한다는 점은 나에게 매우 흥미로웠다. 현재 인터넷상에는 RSA 암호가 사용되는데, 이는 소수의 불규칙성을 이용한 암호여서 리만 가설이 참으로 밝혀지면 암호로서의 의미를 잃는다는 것을 알게 되었다. 현재 암호 체계가 정수론을 기반으로 이뤄져 있음을 알고 나서는 정수론 분야를 연구하는 수학 교수가 되어 안전한 암호 개발에 기여하고 싶다는 꿈을 갖게 되었다.

　RSA 암호를 무력화할 수 있다는 리만 가설에 관심이 생겨, 이를 이해하기 위해 필요한 제타 함수 개념에 대한 책《제타 함수의 비밀》을 읽으며 공부했다. 매우 어려워 접근하기 힘든 주제였지만, 이해하기 전까지 책장을 넘기지 않고 끈질기게 읽고 공부했다. 자연수와 관련된 합을 소수와 관련된 곱으로 나타낸 오일러의 아이디어는 절묘하다고 느꼈다. 불규칙적인 소수를 규칙적인 자연수와 연결시킨 부분에서 오류가 있을 것이라고 생각해 수식을 계산해봤지만, 소인수분해의 유일성에 의해 납득할 수 있었다. 제타의 여러 계산법을 보고 서로 다른 분야에 있는 수학이라도 연관성이 있음을 깨달았다. 앞으로 배워야 할 부분이 많다고 느꼈다.

설명회를 통해 본교의 학습 분위기가 자율적이라는 것을 알게 되었다. 내 의지대로 공부할 때 집중력을 발휘하기 때문에 상산고 지원을 결심했다. 본교 입학 후 수학 탐구 동아리에 가입해 제타 함수와 리만 가설에 대한 공부를 지속적으로 하고, 수학 교수가 된 후 리만 가설을 증명할 것이다.

판교수련관 학습재능 기부 봉사에서, 초등학생에게 수학을 가르치며 넘어야 할 두 개의 산에 맞닥뜨렸다. 첫 번째 산은 학생과 친해지는 것이었는데, 《논어》에서 공자가 제자들의 성향에 따라 다르게 가르치던 것에서 영감을 얻어 딱딱한 숫자들을 사과에 비유하니 학생과 가까워질 수 있었다. 수업이 진행될수록 학생이 집중력을 잃은 것이 두 번째 산이었다. 그 이유가 수학에 대한 흥미가 없기 때문이라는 결론에 도달해 도형 단원을 공부할 때 도서관에서 여러 가지 도형을 찾아보고, 칠교판을 만들어보았다. 이를 통해 상대방의 입장을 이해할 때 더 많은 도움을 줄 수 있음을 느꼈다.

❶ 진로가 수학자인 만큼 수학과 관련한 학업 능력이 매우 돋보인다.
❷ 일반적인 수학 공부 방법이 아니라 수학에서도 특별히 관심 있는 분야를 선정하여 탐구 과정을 매우 구체적으로 나타내고 있다.

진로　뇌과학자

교내 과학탐구 동아리에서 음식물 쓰레기를 물처럼 순환시켜 가치 있는 자원으로 만들 수 없을까라는 생각이 들었다. 그래서 '지렁이를 이용한 음식물 쓰레기 재활용과 농업적 응용'을 주제로 2년 동안 집에서 약 천 마리의 지렁이를 키우며 연구를 했다. 선행연구과정에서 지렁이가 폐사하고 구더기가 생기는 문제를 해결하기 위해 버미팜 지렁이 농장을 찾아가 지렁이의 사육조건을 조사였으며 관련 도서《지렁이, 소리 없이 땅을 일구는 일꾼》(에이미 스튜어트) 등과 논문 〈지렁이 사육상에서 줄지렁이 개체군의 수직분포〉 등을 읽고 지렁이 생태에 대해 탐구했다. 정확한 변인통제를 통해 염분과 식품첨가물을 제거한 음식물 쓰레기가 지렁이 먹이로 알맞으며 지렁이가

토양에 만든 구멍이 식물 성장에 유익한 영양을 미치고 분변토와 상
토를 3:7로 섞었을 때 식물 성장이 가장 빠르다는 것을 알게 되었
다. 이것을 농업적으로 응용해보았다. 염분을 제거한 도시의 음식물
쓰레기를 지렁이 농장에 사료로 제공하여 분변토를 생산하고 농가에
서 화학비료 대신 분변토로 유기 농작물을 재배해 다시 가정에 제공
하는 선순환 구조로 환경오염을 줄이고 유기농 채소도 공급한다는
실용적 결과를 낼 수 있었다. 연구의 모든 단계를 스스로 설계하고
결과를 얻는 과정에서 생물의 특성을 응용하여 유용한 기술을 창출
하는 생명공학에 관심을 가지게 되었고 과학에 대한 나의 열정과 적
성을 발견하게 되어 과학 도서를 탐독하고 여러 과학 강연회를 찾아
청강했다.

그중 《뇌, 약, 구, 체》(강봉균)를 읽고 BCI(뇌와 컴퓨터의 전기적 신
호연계) 기술에 관심이 생겨 강봉균 교수님의 강연을 듣고 뇌와 컴퓨
터를 연결하는 호환장치인 인터페이스에 관해 질문하고 인터뷰를 통
해 BCI 기술의 발달 과정과 최근 연구 성과를 보고서로 작성하였다.
이러한 과정을 거치며 뇌과학 분야의 견문을 넓혔으며 BCI 기술을
바탕으로 장애인과 움직임이 불편한 노인을 위한 의족과 의수를 개
발하여 인류에 기여하는 과학자가 되겠다고 다짐했다.

상산고에서 특화된 교육 시스템으로 역량을 키우고 과학자의 도
덕성을 길러 새로운 실험을 시도할 수 있는 태도를 갖춘다면 인공지
능 전문가의 꿈을 이룰 수 있다고 판단했다. 입학 후에는 수준별 수

학 수업과 고급수학을 수강하며 논리적 사고력을 기르고 교내 영어 특별 구역을 활용해 전 세계 과학자 간의 공동연구에 필요한 영어 실력을 갖출 것이다. 또 SM과 스마트랩에서 자율적으로 동아리 활동을 하면서 로봇 동아리도 만들고 싶다. 졸업 후에는 '뇌의 메커니즘과 BCI'에 대해 연구하고 싶다.

중2 때부터 분당청소년비전센터에서 가정형편이 어려운 동생에게 수학을 가르치고 있다. 동생이 공부 시간을 지키지 않아 서로 시간을 낭비하는 것 같아 힘들었다. 이 문제를 극복하기 위해 동생에게 동기부여가 필요하다고 생각해 봉사 시간 외에도 만나 밥도 먹고 과학 강연회도 함께 들었으며 수학개념노트를 만들고 풀이 과정을 적는 방법을 꼼꼼히 알려주었다. 멘토링을 통해 내가 가진 수학적 능력보다도 끝까지 최선을 다하는 끈기와 책임감, 그리고 눈높이를 맞추고 마음을 헤아려줄 수 있는 따뜻함이 더 중요하다는 것을 배웠다.

❶ 지렁이를 이용한 연구 과정이 서로 유기적으로 연결되어 있는 것이 돋보인다.
❷ 과정 안에서 '더 알고자 하는 의지'가 돋보인다.
❸ 과학적 탐구 능력을 보여주고 그것을 확장하여 진로와 연결했다.

초등학교 4학년 때 진단이 늦어져 제때 치료를 못해 피부질환을 앓던 친구 한 명을 잃었다. 이때부터 생명을 살리는 일, 특히 질병을 진단하고 예측하는 임상진단을 연구하고 싶었다. 지식 탐구에 필수적인 지성뿐만 아니라, 도덕적 품격의 덕성, 미래 전망의 야성을 겸비한 생명공학자가 되고자 상산고에 지원한다.

중1 때 Oakridge Int. School에서 지구적으로 가장 심각하다고 생각하는 문제를 학교별로 조를 짜서 해결하는 활동인 ISTF에 참가했다. 우리 조는 '식량난'을 선정하여 작물 재배 대안을 찾기 위해 기상청을 방문해서 환경조사를 했다. 식량난이 발생한 나라들은 대부분 건조기후로 드러나서, 물이 적게 드는 식물 탐색과 생명공학을 이용한 종 개량으로 접근했다. 섭외한 전문가가 일하는 ICRISAT에 있는 AVRDC라는 농산물 연구소에서 고구마를 비롯한 GMO 식물들을 관찰하기도 했다. 학교에서 다양한 작물을 재배해 결과를 종합하여 'Food For Future'라는 제목으로 블로그에 발표하였다. 식품의약품안전처에서 운영하는 사이트에서 조사한 내용에 따르면 GMO는 신체에 문제를 일으킬 확률이 매우 적다고 한다. 조사하는 과정에서 식량난이나 GMO에 대한 오해를 알 수 있었고, 블로그에 게시한 글에 대한 빠른 피드백을 통해 부족한 부분을 고쳐나갈 수 있었다.

생명공학이 지구의 다양한 문제를 해결할 수 있다는 것을 느끼고 생명공학의 동향 파악을 위해 〈과학동아〉 구독을 시작해 '미탈리포프 교수팀의 복제배아줄기세포' 같은 기사를 스크랩하기 시작했다. 기사를 통해서 공학과 나노 기술을 접하고 중3 때 SEMI high Tech U에 참가했다. 직업탐구에 대한 대화 중 나노기술과 생명공학의 연계성에 대해 알게 되었다. 삼성 반도체 공정을 견학 중 반도체 산업에서 집적회를 획기적으로 도와줄 기술이 나노기술이라는 말을 듣고《나노 바이오 테크놀로지》(블라트 게오르게스크)라는 책을 읽고 바이오칩 관련 논문을 찾아보았다. 〈유비쿼터스 건강관리를 위한 바이오센서 기술 동향〉이라는 논문을 읽고 나노 기술과 생명공학의 접점에서 질병을 분자 수준에서 진단하는 바이오칩을 연구하고 싶다는 생각이 들었다.

상산고에 입학 후 과제 연구로 바이오칩에 대한 논문을 쓰고 동아리 SM 활동을 바탕으로 동식물 실험 기반 동아리를 만들어서 운영할 계획이다. 졸업 후 생명과학과에 진학하고 질병의 특성을 분자 수준에서 진단할 수 있는 칩을 이용한 연구를 수행할 것이다.

발사랑 봉사단에서 3년간 꾸준히 봉사를 했다. 죽을 직접 만들어서 할머니 댁에 배달했는데, 치매에 걸리신 분을 만나게 되었다. 여러 번 찾아가도 항상 나를 알아보지 못하셨지만 올 때마다 나를 앉히고 이야기 나누는 시간을 가지곤 했다. 할머니는 같은 대화를 몇 번이고 반복하셨는데 같은 대답을 계속하는 것이 무의미하다고 생각했지만 매번 새로운 이야기를 듣는 것처럼 반응해드렸다. 대응하는 방법이 부족하다고 생각했지만 대화를 나누며 즐거워하시는 모습을 보고 새로운 대화거리를 찾아 내가 먼저 말을 걸어드리며 스스로 실천하는 봉사의 의미를 깨달았다.

❶ 생명공학과 관련된 학업 활동이 매우 우수하다.
❷ 활동들이 서로 유기적으로 연결되어 전공과 관련된 하나의 스토리를 만들고 있다.
❸ 활동 과정이 매우 구체적이며 세밀하여 진정성을 얻을 수 있다.

진로   정신과 의사

중학교 1학년 담임선생님께서 타인의 말을 경청하고 행동을 관찰, 분석하는 소질이 남다르다고 일깨워주셨습니다. 이후《청소년을 위한 정신 의학 에세이》(하지현)를 읽고 정신질환으로 고통받는 사람들을 도와주고 싶다고 생각해 외교관에서 정신과 의사로 꿈을 바꾸었습니다. 전문 교과와 개인 연구로 의사의 소양을 키우기 위해 지원했습니다.

《동물농장Animal Farm》(조지 오웰)을 읽고 'Definition of villain'을 주제로 에세이를 쓰며 원서를 읽고 작문하는 것이 익숙지 않아 힘들었으나《세일즈맨의 죽음The Death of Salesman》(아서 밀러) 등 수준 높은 책을 반복해 읽으며 이해력을 높이려고 했습니다. 독특한 단어를 많이 암기해 적용하고 시제, 관계대명사·관계부사 등 헷갈리는 문법을 공부해 오류를 줄였습니다. 또 친구들이 쓴 에세이를 읽고 장점을 따라 했습니다. *The Catcher in the Rye*를 읽고 "Interesting introduction in novels" 에세이를 쓰면서 내용과 문장력이 좋아졌습니다. 이후 조지 오웰의 *Shooting an Elephant*, *The Spike*, *A Hanging*에서 쓰인 문학 기법과 주제를 분석한 에세이를 완성하고 〈타임〉지를 읽으며 시사적 안목을 넓히고 있습니다. 의사가 된 후 해외에서 근무하겠다는 꿈을 가지게 되었습니다.

전자기를 배울 때 《맥스웰이 들려주는 전기 자기 이야기》(정완상)를 읽고 쉽게 접근하려고 노력했습니다. 교과서의 개념을 통해 전자기 유도에서 자기장과 전류의 방향, 자석 극의 상관관계를 이해했습니다. 또 물과 신문으로 직접 파동을 만들어 속도와 파장을 측정하는 실험을 통해 '속도=파장×진동 수' 공식의 원리를 알게 되었습니다. 파동의 성질을 배우고 주위에서 빛과 소리의 굴절, 회절 현상을 관찰했고, 실험을 통해 소나, 도플러 효과 등을 이해했습니다. 이를 통해 무엇이든 과학적으로 사고하고 연구하는 태도를 길렀습니다.

진학 후 고급생명과학을 이수하고 '스트레스를 측정하는 과학적 방법'을 주제로 개인적인 연구를 진행해 소논문을 쓸 예정입니다. 또 국경없는의사회 주니어 서포터 동아리를 만들어 길거리 캠페인 활동을 실시할 것입니다. 정신과 의사가 되면 코르티솔, 노르에피네프린 등 뇌 호르몬과 심박 지수를 이용한 정밀하고 체계적인 스트레스 검사 방법을 만들려 합니다. 스트레스를 정확히 측정해 치료에 도움이 되도록 할 것입니다.

CPC^{Climate Project Connector} 동아리 리더를 맡은 후 '사막화 방지의 날 교내 캠페인'에서 직접 음식을 팔고 이익을 환경 단체에 기부하기로 했습니다. 열심히 기획했지만 행사 당일 한 명이 다쳐 참석을 못하고 홍보를 맡은 부원이 준비를 못한 사고가 발생했습니다. 서로의 잘못을 따지는 대신 부원들을 격려하고 할 일을 신속하게 지시하는 등의 대처를 통해 성공적으로 행사를 마쳤습니다. 돌발 상황에서도 침착하게 주어진 일을 처리하는 것의 중요성을 깨달았고, 동아리 부원들의 마음을 편안하게 하여 서로를 존중하는 자세를 배웠습니다.

❶ 영어 학습 내용을 단순한 영어 공부법이 아닌 원서 읽기, 에세이 쓰기 활동으로 드러냈다.
❷ 물리 관련 공부와 실험을 통해 과학적 탐구력을 나타냈다.
❸ 동아리 활동을 인성과 연결해서 교내 활동에서 뛰어난 능력을 발휘했음을 보여주었다.

04 북일고

자기주도학습 영역 1500자, 기타 1000자라는 글자 수 제한이 있어 글자 수가 타 학교보다 1000자가 많다. 올해는 기타 항목이 1200자로 늘어날 예정이다. 타 학교보다 입학 후와 졸업 후 진로 계획이 차지하는 비율이 높다. 올해는 기타 항목에 입학 후와 졸업 후 계획. 독서 활동을 녹이기를 권장한다.

진로   기계공학자

과학 시간에 실험 활동을 할 때면 직접 과학 현상을 관찰할 수 있다는 생각에 가슴이 뛰곤 했다. 특히 과학 영역에서 기계를 다루고 조립하는 부문에 관심이 크다. 이를 바탕으로 기계공학과에 들어가 첨단 기술을 응용, 개발하여 삶의 질을 높이는 직업을 갖고 싶다는 꿈을 키워왔다. 꿈나무 과학반 동아리에서 산출물 과제를 진행하는 활동은 나를 많이 발전시켰다. 친구와 대화 중 아토피가 있었던 친구가 이사 후 아토피가 더 심해졌다는 이야기를 들었다. 인터넷 검색 후 원인이 새집증후군이라고 판단했고 궁금증이 생겨 실험 연구를 진행했다. 새집에서 나오는 물질들을 조사한 후 식물, 숯, 양파 등의 정화능력을 알아보는 탐구와 친환경 페인트의 효과를 연구했다. 택배상자 안쪽 면에 일반 페인트와 친환경페인트를 바른 후 각각 정화물질을 넣고 시간에 따라 VOC 측정기로 상자 속 포름알데히드 농도를 측정했다. 이로써 벤젠이나 포름알데히드가 새집증후군의 주원인이며 숯, 양파, 식물 순으로 정화능력이 있다는 결론에 도달했다. 실험 후에는 이를 오수정화시설에 응용할 수 있겠다는 생각을 했다. 이 활동은 궁금해하던 주제를 스스로 탐구했기에 학습적으로 의미가 있었다. 또한 자기주도적으로 학습을 했을 때 성취감을 느끼고 새로운 탐구를 시작할 수 있음을 깨달은 계기가 되었다. 이를 바탕으로 이후에 다양한 실험을 진행했다.

동아리 선배를 통해 북일고등학교에 대해 알게 되었고 선의의 경쟁을 할 수 있는 친구들을 사귀고 입학을 위해 수학 공부에 힘쓰며, 입학 후 동아리 활동과 학업 계획을 세우라는 조언을 듣고 입학의 꿈을 키웠다. 나는 '화학전지의 금속판과 전해질 종류에 따른 전압' 연구와 같은 활동들을 능동적으로 주제 선정부터 실험계획까지 이끈 경험이 있다. 또한 위와 같은 연구를 통하여 합리적 결론을 도출하는 능력을 함양하고 나의 꿈을 실현해 국가 경쟁력에 이바지하고자 한다.

입학 후에는 1, 2학년 동아리 'AIR'나 'SYNERGY'에 참여하고 3학년 때는 이를 바탕으로 '학문적 글쓰기' 동아리에서 '실외기 없는 에어컨'이라는 주제로 학술 논문을 쓰고 싶다. 기계공학부를 졸업하고 이를 IT 산업, 우주항공 분야 등에 적용하여 인간의 삶을 좀 더 편리하게 만들겠다는 비전을 갖고 있다.

3년간 정기적으로 방문한 성은학교에서는 준비한 과학 실험을 장애우 친구들과 같이 하는 활동을 했다. 방문 초기에는 성호 같은 친구들과의 의사소통이 다소 힘들었다. 박성호라는 친구와 '원심력을 이용한 솜사탕 만들기' 활동을 진행할 기회가 있었지만 성호는 힘들어하며 교실을 뛰쳐나가려고 하곤 했다. 그럴 때마다 성호의 손을 잡고 눈을 맞추며 말을 걸었다. 성호와 활동이 자연스러워질 수 있었던 것은 끊임없는 관심과 대화 덕분이라고 생각한다. 이러한 과정에서 다른 성은학교 친구들에게도 더 다가갈 수 있었고 그들의 생각과 환경을 조금이나마 이해할 수 있었다. 이 봉사활동은 내가 아닌 다른 사람을 통해 나를 발전시켰던 예다.

| 기타

1 케피어 종균, 효모, EM 발효액을 이용한 발효의 원리 탐구

– 우유의 발효와 부패를 진행시킨 후 균을 관찰하여 발효와 부패에 관여하는 미생물들을 알았다.

– 효모 반죽을 상온과 냉장고에 각각 배치하여 온도가 높은 쪽의 효소 작용이 더 활발하다는 점을 알았다.

– EM 발효액에 들어 있는 미생물들을 현미경으로 분석하고 EM 비누를 만들었다. EM 비누와 일반 세탁비누의 세척 능력을 비교하

여 EM 비누의 효과를 확인했다.

2 과학의 날 행사, STEAM 과학, 생활 재료를 이용한 가방 만들기

조원들과 토의를 통해 심미성을 고려하여 종이와 끈만을 이용하여 10킬로그램 무게를 견디는 가방을 만들기 위해 트러스 구조를 적용하여 효과적으로 무게 분산을 할 수 있는 밑바닥 구조를 만들었다.

3 꿈나무 과학 동아리에서 송암스페이스센터 방문

– 낙하산 제작 : 낙하 물체를 물풍선으로 하여 공기저항과 낙하산의 재질, 면적과의 관계를 알 수 있었다.

– 강한 힘을 가장 효과적으로 견딜 수 있는 구조물 제작하기 : 일정한 압력 조건에서 트러스 구조가 가장 안정적인 구조임을 알고 교량이나 내진구조물에 응용할 수 있겠다는 생각을 했다.

4 토론 활동 5개

– 뇌파를 이용한 감정감지 기술 도입 찬반 : 과학기술은 적절한 법안과 엄격한 규제 아래에서 사용한다면 인간 생활을 발전시킨다는 점을 최종 발언에서 주장했다.

– 인공강우를 해야 한다 : 반대측의 입장에서 인공강우에 사용되는 아이오딘화은 등의 화학물질은 인체에 유해하다는 점을 강조했다.

– 선행교육을 법으로 금지해야 한다 : 선행교육 금지법의 실질적 효율성에 대해 생각하는 시간을 가졌다.

– 과학기술은 인간을 행복하게 하는가? : 《과학 일시 정지》(가치를꿈꾸는과학교사모임)라는 도서를 통해 과학의 양면성과 이상적인 과

학 발전 방향을 인식하였다. 과학 기술의 혜택을 누리며 살아가는 현대인의 모습과 과학 기술이 야기하는 폐해에 대하여 사람들 앞에서 나의 입장을 말하는 능력을 길렀다.

– 소득이 많은 직업이 좋은 직업이다 : 좋은 직업의 기준에 대해 고려하는 기회를 가졌다.

❶ 지원 동기가 일반적이지 않으며, 입학 후 계획이 매우 구체적이다.
❷ 동아리에서 수행한 구체적인 연구 과정을 통해 뛰어난 학업 능력을 나타냈다.
❸ 기타란에는 앞에서 미처 서술하지 못한 학업 능력, 전공 적합성 관련 내용을 나열했다.

진로   재료공학자

중1 때 바이오 디젤을 만들어 우드락 배의 연료로 사용하는 실험을 통해 신재생에너지에 관심을 갖게 되었다. 신재생에너지 중 수소에 대한 관심이 큰데 수소에너지의 추출 과정에서 경제성을 높이는 데 기여하고 싶다. 현재 나는 추출 과정에서 신소재를 통해 순수한 수소를 추출하는 것이 가장 효율적인 방법이라고 생각한다. 이를 위해 대학에서 재료공학을 공부하고자 한다. 북일고의 자기주도적인 학습과 남아수독오거서, 전교생 봉사, 동아리, R&E가 재료공학자의 꿈을 이루게 해줄 것이다. 남아수독오거서와 전교생 봉사를 통해서는 바른 인성과 인문교양을 얻고 동아리와 R&E를 통해서는 내가 공부하고 싶은 전공 주제를 탐구하고 자기주도적인 학습을 통해서는 대학 진학과 공부하는 자질을 키우고 싶다. 나는 과학자는 과학적 지식만 쌓을 것이 아니라 세상에 기여하고자 하는 도덕적인 인성도 갖추어야 한다고 생각한다. 북일고의 신념, 용기, 봉사의 이념은 과학자로서 나의 가장 중요한 기준이 될 것이다.

나의 공부는 증명하는 것이다. 증명은 공식이 어떻게 만들어지고 왜 이 공식이 옳은지를 누구나 인정할 수 있게 설명하는 것이다. 그렇기 때문에 내가 이해하는 것보다 더 어렵다. 삼각형의 넓이 공식을 처음 보았을 때 나는 바로 이해가 되었다. 하지만 이것이 왜 옳은지를 설명하기는 어려웠다. 선생님의 도움을 받아 증명을 하고 보고서를 작성해보았다. 그 과정에서 많은 공부가 되었고 이후 기하 노트를 만들어서 교과서의 모든 공식을 증명해보았다. 어려운 주제가 나오면 관련된 책을 찾았다. 이후 조합노트를 만들었고《생활 속 수학의 기적》(알브레히트 보이텔슈파허)이라는 책을 재미있게 본 후 지금은 공식의 증명을 통해 실생활에 적용하는 사례를 찾아보고 정리하고 있다. 과학도 증명의 영역인데 다만 의문이 드는 주제를 증명하는 과정이 주된 공부라 생각한다. 예를 들면 어떤 기체에 높은 압력을 가하면 액체로 상태 변화를 하게 되어 부피가 현저히 줄면서 보일의 법칙이 적용되지 않는다. 이런 궁금증을 해결하고자《보일이 들려주는 기체 이야기》(정완상)라는 책과 인터넷 검색을 하며 보일의 법칙은 이상기체일 때 적용 가능함을 이해했고, 책을 통해 이상기체와 실제 기체의 차이점과 이상기체의 조건까지 알게 되었다. 국어와 사회의 경우는 이해와 흐름이고 영어의 경우는 다른 언어의 습득이라고 생각한다.

중학교 3년 동안 계속 학급반장을 했는데 학교의 행사 때마다 함께 참여해준 친구들이 많이 고마웠다. 그중 1학년 때 체육대회에서 학년 우승을 한 것이 가장 기억에 남는다. 친구들과 대화를 통해 반 친구들 서로가 격려하고 즐길 수 있는 체육대회를 만들어보고 싶었지만 체육을 싫어하고 관심도 없는 친구들을 참여시키기 어려웠다. 고민하다 팔자 줄넘기 넘는 방법과 요령을 같이 연습하자고 제안했다. 아침 일찍 학교에서 함께 뛰면서 연습했다. 친구들은 점점 실력이 좋아졌고 재미있어 했다. 드디어 체육대회 날 열심히 연습한 우리들은 학년 우승이라는 결과를 얻어냈다. 이러한 경험을 통해 용기와 배려가 일의 추진과 결과를 좌우한다는 것을 깨달았다.

| 기타

1 중1 '나만의 집 짓기'

어렸을 때부터 수학과 과학을 좋아해서 중1 때 친구들과 방과 후에 모여 프로젝트 수업을 진행했다. '나만의 집 짓기'라는 주제로 여러 나무들을 구해 각 나무들의 강도, 물 흡수력, 연소 시간, 건조 상태

등을 비교 실험을 하면서 집을 지을 때 어떤 나무가 어디에 쓰이는지 알게 되었고, 실험 결과를 바탕으로 우리들만의 집을 만들어보았다.

2 중2 '수학적 사고력' 훈련

'중등 심화반'에서 여러 주제에 대해 토론하고 수학적 개념을 다양한 과정을 통해 익힐 수 있었다. 특히 GSP 작도 부분은 처음 접해보는 터라 어려웠지만 인터넷 검색과 관련 교재를 통해 극복할 수 있었다. 또 '삼각형의 넓이 공식 증명'이라는 주제로 보고서를 작성했다.

3 토론 '배경지식 쌓기'의 중요성

'SSM 대형마트 영업 규제'라는 주제로 찬반토론에 참여했다. 관련 근거와 자료들을 준비하면서 단합의 중요함을 깨달았고, 그동안 꾸준히 해온 경제에 관한 독서 활동과 신문 기사들을 분석한 것이 토론 준비에 많은 도움을 주었다.

4 중1 물리 '지하철과 뉴턴의 법칙'

과학 수업 시간에 흥미 있는 주제로 보고서를 쓰는 과제에서 '지하철에서 물건을 떨어뜨리면?'이라는 주제로 직접 지하철에서 물체를 떨어뜨리는 실험을 해보고 뉴턴의 관성의 법칙, 가속도의 법칙, 작용반작용의 법칙을 다시 한 번 정리해보는 시간을 가졌다. 또한 꼼꼼한 설명과 직접 실험한 사진으로 친구들에게 쉽게 설명해주었다. 선생님께서 '뉴턴의 법칙'에 대한 질문이 있으면 나에게 물어보라고 하셨다.

5 화학 '꿈은 이루어진다!'

처음에는 개념 이해가 어려웠다. 그러나 여러 공식과 이론 등을 현상과 연관 지어 공부했더니 딱딱한 공식만 외울 때보다 쉽게 머릿속으로 들어왔다. 특히 기체와 관련된 공식이 나오는 과정을 실험 동영상 시청을 통하여 알게 되니 쉽게 이해가 되었다. 그리고 다시 책을 정독하고 응용문제를 풀어 내 것으로 만들었다.

❶ 지원동기, 입학 후 계획 분량이 다른 학교 지원자에 비해 긴 편이며 진로와 관련지어 매우 구체적으로 서술했다.
❷ 기타란에 학업, 특히 과학 관련 다양한 탐구들을 나열했다.
❸ 증명 – 관련 책 찾기 – 실생활에 적용이라는 공부 과정이 일반적으로 느껴지지만 그 사례를 통해 구체성과 특이성을 확보했다.

진로   외교관

외교관의 꿈을 가진 나는 세계와 소통하기 위한 기본적 소양인 영어 능력을 쌓기 위해 원서를 읽고 독후 활동을 꾸준히 했다. 이를 기반으로 특정 주제를 객관적인 근거를 들어 분석 및 평가하거나 그에 대한 내 주장을 능동적, 비판적 시각에서 나타낼 수 있게 되었다.

또한 매주 1개씩 영어권 국가에서 흔히 쓰이는 관용적 표현의 유래와 의미, 사용 상황을 정리해서 교내 아침 영어 방송을 진행했다. 관용구가 쓰이는 상황을 재현하며 형식적인 회화만이 아니라 실제 쓰이는 관용적 표현을 활용한 대화를 자연스럽게 할 수 있게 되었고, 관용적 표현 외에도 속담이나 명언의 범위로 확장시켜 인용할 수 있었다.

과학의 경우, 교내 과학탐구 토론대회에 참가하며 과학적 탐구능력과 지식을 키워나갈 수 있었다. 사회적 이슈인 층간소음 해결책을 구상해 과학탐구 보고서를 작성했다. 리서치 중 연구논문 〈천장구조 개선을 통한 층간소음 저감(한국소음진동공학회)〉을 통해 뜬바닥 구조가 방음을 위한 대표적인 방법이라는 것을 알게 되었다. 뜬바닥 구조에 소음 전달을 최소화하기 위해 오목거울의 반사성을 활용한 구조물을 만들었다. 경제성을 고려하여 차음성과 흡음성이 뛰어난 숯과 스티로폼, 페트병 조각 등 재활용품을 활용했는데, 층간소음을 경제적 관점에서 저비용 고효율적으로 해결했다는 점이 뜻깊었다. 이를 통해 과학적 지식이 향상되었고, 나의 생각을 논리적으로 표현하는 토론 능력을 키울 수 있었다.

종군위안부 문제를 해결하고 동북아 외교관계의 선두주자가 될 꿈을 가진 나는 새로운 시대에 새로운 인재를 키워내는 북일고의 건학이념을 바탕으로 국가 사회에 기여, 봉사하는 외교관이 되고 싶어서 북일고에 지원하게 되었다. 뛰어난 외교관은 책상머리 지식인이 아닌 토론과 비판, 창의와 관용을 겸비한 만능형 리더다. 토론, 지도력, 비판, 창의, 혁신, 다양한 문화에 대한 적응력 등 국제과의 교육 목표는 내가 꿈꾸던 것이었다. 세계 속의 한국을 이끄는 외교관이 되려는 내게 북일고 국제과는 최선의 선택이라는 확신이 들었다.

나는 북일고 국제과에 입학하여 AP Language & Composition, AP World History, AP Government & Politics를 통해 영어 능력과 구체적 안목을 넓히며, Foreign Language 교육 과정을 활용해 중국어도 모국어 수준으로 구사할 것이다. 모의 UN과 NASO 활동을 통해 세계 정치의 흐름과 동아시아 정세를 공부하며 토론 역량과 끼를 키울 것이고, 졸업 논문은 외교 역량을 통한 위안부 문제 해결이라는 주제로 작성할 계획이다. 또한 중학교 때부터 해오고 있는 교육봉사를 통해 꿈을 함께 공유하는 진정한 멘토로 나눔의 정신을 내면화할 것이다.

졸업 후, 예일 대학교 국제관계학과에 진학하여 미래의 글로벌 리더들과 교류하며 문화·사회 각 분야의 세계적 흐름을 느끼는 동시에 외교관으로서 갖추어야 할 태도를 배우고 CSIS에 근무하는 등 외교적 역량을 갖춰 대한민국의 국익을 증진하며 훗날 동북아를 대표하는 외교관이 될 것이다.

중학교 입학 후 집단 따돌림으로 소외된 친구들에게 학습모임을 통해 공부를 가르쳐주며 마음의 문을 열고자 했다. 2, 3학년 때 선생님들께서는 그 친구들을 나와 같은 반에 배정해주셨고, 나는 그들과 다른 친구들 간의 가교 역할을 수행했으며, 마음속 고민까지 상담할 수 있는 진정한 친구가 되었다. 이로 인해 그들을 따돌리던 다른 학생들도 그들을 친구로 여기게 되었다. 역지사지의 자세를 가지고 진심으로 타인을 배려한다면, 작은 힘으로도 세상을 바꿀 수 있다는 것을 깨닫는 계기가 되었다.

| 기타

1000권이 넘는 영어 원서를 읽은 것은 영어 실력뿐 아니라 세계적인 시사 문제들을 편견 없이 바라볼 수 있는 안목을 주었다. 《팔레스타인 가자 지구 비망록》(조 사코)을 읽고 이스라엘과 팔레스타인 중 어느 한쪽이 선이나 악이라고 명확히 구분 지을 수 없음을 알게 되었다. 또 《줄무늬 파자마를 입은 소년》(존 보인)을 읽고 홀로코스트의 극악무도함, 그리고 그에 깊이 공모한 당시 독일의 외교관들을 통해 외교관은 객관적이고 범세계적인 관점을 가져야 함을 다시 한 번 깨닫게 되었다.

독서로 얻은 창의적인 발상들은 창작 활동으로 이어졌다. 중학교 1학년 때 뮤지컬 〈오즈의 마법사〉를 기획, 감독했고, 직접 시나리오를 쓴 후 원곡을 편곡하는 음악 작업을 통해 나의 음악적 소양을 발휘할 수 있었다. 또한 뮤지컬부 학생들과 양보와 배려를 통해 이루어낸 무대는 협력하는 것이 개인의 발전만이 아닌 공동체 전체의 발전을 이끌어낼 수 있다는 깨달음을 얻게 해주었다.

2학년 때 싱가포르 Kranji Secondary School과 교환학생 프로그램 학교 대표로 참여하여 향후 세계 속의 한국을 이끌어낼 리더의 역할이 무엇인지 인식할 수 있었고 글로벌 인재란 단지 국제적 시사 상식을 쌓고, 외국어 능력을 배양하는 것으로 완성되지 않는다는 것을 체험했다.

나는 능력만 믿고 중요한 가치를 잊는 외교관이 되고 싶지 않기에 정의를 고민하는 것을 게을리하지 않았다. 중학교 3년 동안 학생자치법정 판사 역할을 수행했는데, 가장 기억에 남는 판결은 교사에게 반항하고 친구에게 폭력을 가한 학생의 재판이다. 당시 나는 피고 학생의 가정환경과 사춘기를 고려해 규정을 무조건 적용하지 않고 처벌을 줄였다. 이런 판결은 서울가정법원 청소년 참여인단 활동을 하며 공소장 작성, 피고인 면담 등 실제 법 적용 과정을 경험했기에 가능했다. 법의 틀을 지키되 단일한 잣대로 심판하시 않으며, 수많은 요인들을 고려하여 고민하던 판사님들은 학생자치법정 판사였던 나의 롤 모델이었다. 이는 국제법 전문가이되 조문에 매이기보다 국가이익과 인류의 보편적 가치를 규정 적용에 녹일 줄 아는 전략적인 외교관의 바람직한 인성을 얻는 과정이었다고 여겨진다.

북일고는 전국에서 성장한 미래의 리더들이 한데 모여 생활하는 학교다. 나는 이런 북일고에서 우수한 실력으로 인간관계를 주도해 나가고, 동시에 소외되고 외로운 사람들의 마음을 이해하고 배려하는 역량을 발휘하며 내가 성장시킨 나만의 가치를 더욱 키워나가고 싶다.

❶ 지원 동기, 입학 후와 졸업 후 계획이 매우 구체적이고 상세하다.

❷ 국제과에서 영어 능력은 필수이므로 영어 관련 다양한 활동을 드러냈다.

❸ 국제과에서 원하는 다재다능한 학생임을 입증하기 위해 교내·교외 다양한 활동에 적극 참여하였음을 기타란에서 보여주었다.

05 청운고

현대 청운고는 지원 동기+입학 후 계획+학습 경험이 600자, 인성이 450자, 설립자인 정주영의 정신을 구현하기 위한 지원자의 생각 450자로 글자수가 정해져 있으니 유념하자. 특히 타 학교와 달리 띄어쓰기 포함한 글자수이니 더욱 학업을 기록할 수 있는 칸이 부족하다. 신경 써서 안배해야 한다. 또한 마지막 항목에서 요구하는 바가 무엇인지 정확히 파악하여 기술하여야 한다.

자기소개서 작성 시 유의사항

1. 자기소개서는 평가를 위한 중요한 자료이므로 반드시 본인이 작성하여야 하며, 사실에 입각하여 정직하게 건학이념과 연계한 지원동기, 꿈과 끼를 살리기 위한 활동계획, 진로계획 등을 기술하십시오.
   ※자기소개서의 대리작성, 허위작성 혹은 표절 시에는 사후에도 입학 취소 등 불이익 부과

2. 본문에는 자신의 경험이나 사례 등을 들어 구체적으로 작성하되, 학생 본인을 식별할 수 있는 내용(기재시 항목 배점의 10% 이상 감점 처리), 부모의 사회·경제적 지위를 유추할 수 있는 내용(기재 시 항목 배점의 10% 이상 감점 처리), 영어 등 각종 인증시험 점수, 영재교육원 교육 및 수료 여부, 경시대회 입상실적(우회적·간접적 기재 포함) 등은 기재(기재 시 0점 처리됨)하지 마십시오.

3. 반드시 본 서식을 사용하여 작성하고, 분량은 정해진 서식을 초과하지 않아야 하며(띄어쓰기 포함), 지정된 분량 내에서 작성하십시오.

4. 본 서식의 1, 2, 3번 문항을 모두 작성하십시오.

5. 자기소개서는 입학 전형 및 입학 후 학생 지도 자료로 활용되며, 비공개 문서로 관리될 것입니다.

6. 자기소개서는 2015.10.21~10.24(17:00까지) 본교 홈페이지(http://hcu.hs.kr)에서 내용을 입력하여야 합니다.(출력물은 별도 제출하지 않습니다)

수험번호

자기소개서

1. 본교에 지원하게 된 동기와 고등학교 입학 후 꿈과 끼를 살리기 위한 활동계획 및 중학교 재학 중 자기주도적으로 수행한 활동 중 가장 큰 성취감을 느꼈던 학습경험에 대하여 기술하십시오(600자 이내).

2. 지원자가 중학교 재학 중 핵심인성요소(배려, 나눔, 협력, 타인 존중, 규칙준수 등)와 관련한 개인적 경험 및 이를 통해 배우고 느낀 점을 기술하십시오(450자 이내).

3. 본교 설립자인 정주영의 정신(창의, 도전, 배려)을 구현하기 위한 지원자의 생각을 기술하십시오(450자 이내).

|지원 동기, 고등학교 입학 후 계획, 가장 큰 성취감을 느꼈던 학습 경험

다큐멘터리 '학교의 눈물'을 보고 방송이 사회를 바꿀 수 있는 힘이 있음을 깨닫고 PD가 되기로 결심한 후, 'PD가 말하는 PD' '빅데이터 인간을 해석하다' '순간설득' 등을 읽으며 꿈을 키워나갔다. 현대청운고의 학생상인 인류의 행복을 위한 꿈과 비전을 가진 학생으로서 도전 정신을 가진 PD가 되기 위해 지원했다.

진학 후 심포지엄 동아리에서 사회적 문제를 비판적으로 바라보고 특히 청소년 문제를 해결할 수 있는 UCC를 제작하고 싶다. 3학년 때 튜터 튜티 활동으로 가르치며 배우는 것의 힘을 깨달았고 학업에 도움을 주었기 때문에 청운고의 PTP 프로그램을 잘 활용할 수 있을 것이다.

2, 3학년 때 토론 동아리 '사고뭉치' 활동을 하며 다양한 시사 문제를 탐구하였는데 특히 '비례대표 여성할당제' 토론을 하며 사회적 약자에 관심이 생겨 그들을 보호하기 위한 제도가 무엇인지 조사한 것이 인상 깊었다. 하지만 근거를 체계적으로 수립하는 과정에서 부족함을 느껴 자율 동아리 '지와 사랑'을 개설하여 사회적 이슈를 탐색하고 인문 고전 책을 활용하여 토론 활동을 이어나갔다. 이 과정에서 문제의식과 다양한 관점, 동아리 회장으로서 결단력과 리더십을 키울 수 있었다.

핵심인성요소와 관련한 경험 및 느낀 점

2년 동안 바른생활부 활동으로 각종 행사를 돕거나 아침 등교 지도, 점심 질서 지도를 하였다. 동급생을 지도할 때는 잘 따르지 않아 힘들었지만 점심시간 잔반 처리 담당일 때 어려움을 주던 친구가 어깨를 두드리며 '고생한다'라고 해주었을 때 보람을 느꼈다. 아침 등교 지도 때, 자전거를 타고 통학하는 친구들을 보고 안전 문제가 취약하다고 판단해 학생회 회의 때 자전거 안전모 쓰기 의무화를 하자고 건의 하였고 시행되었다. 그러나 많은 학생이 여러 가지 이유로 실행하지 않아 내가 솔선수범하는 노력으로 지금은 대다수의 학생이 안전모를 쓰고 등교하는 모습을 보고 뿌듯했다. 꿈터 지역 아동 센터에서 취약계층 아동 지도를 하며 공부를 싫어해 매번 책을 읽어 달라고 하던 아이가, 관심사를 찾아 아이 눈높이에 맞추어 수학 문제를 풀어주자 나중에는 문제집을 가져와 함께 풀고 싶다고 하는 모습을 통해 소통의 의미를 깨달았다.

창의, 도전, 배려를 구현하기 위한 지원자의 생각

자율 동아리 개설 과정에서 지도 선생님을 구하는 일은 쉽지 않았고 부원 모집에도 많은 시간이 들었다. 그러나 이 도전을 포기하고 싶지 않았고 설득과 타협으로 성공할 수 있었다. 이 경험을 바탕으로 PD가 되어 권력과 돈으로 묵인당했던 우리 사회 문제를 다루는 프로그램에 도전하고 싶다. 인문 고전 독서 토론 동아리, 사제 동행 아침 독서 프로그램 등으로 다양한 책을 통해 창의적 능력을 길렀다. 책을 읽으며 비판적 시각을 기르고 가치관도 세울 수 있었다. 대중에게 새로운 관점으로 문제를 바라볼 수 있는 창의적인 프로그램을 만들 계획이다. 차세대 위원회 활동으로 청소년 고민 등을 알아보고 개선하기 위해 노력했다. 시에서 주최하는 행사에서 부스를 맡아 회의를 거쳐 직접 판넬도 만들고 성공적으로 행사를 끝내며 배려의 힘을 깨달았다. PD가 된다면 프로그램을 계획, 제작 등을 총괄하는 사람으로서 타인을 배려하고 포용할 것이다.

❶ 따로 독서란이 마련되어 있지 않지만 진로와 관련된 독서 활동을 넣은 것이 돋보인다.
❷ 본인의 중학교 때 활동과 입학 후 계획을 연결시켰다.
❸ 흔한 국·영·수 공부법이 아니라, 동아리 활동으로 학업적 역량을 부각시켰다.
❹ 3번 문항에 대해서 본인의 과거 경험과 졸업 후 미래 계획을 창의, 도전, 배려와 연결시켰다.

특목고등학교

한영외고 | 대원외고 | 경기외고 | 과천외고

안양외고 | 청심국제고 | 동탄국제고

01 한영외고

한영외고는 면접총점 반영 비율이 있으니 글자 수 배분에 유의하자.

나의 꿈과 끼, 인성(1,500자 이내, 띄어쓰기 제외)

1. **자기주도학습 과정** : 본인이 학습을 위해 주도적으로 수행한 목표 설정·계획·학습 그리고 그 결과 평가까지의 전 과정(교육과정에서 동아리 활동 및 진로체험, 꿈과 끼를 살리기 위한 활동 및 경험 등 포함)
2. **지원동기 및 입학 후 활동계획, 졸업 후 꿈을 이루기 위한 구체적 활동계획** : 외국어고등학교의 특성과 연계해 한영외고에 관심을 갖게 된 동기와, 본교 입학 후 자기주도적으로 본인의 꿈과 끼를 살리기 위한 활동계획 및 졸업 후의 본인의 꿈을 이루기 위한 진로계획과 실현방법
3. **인성 영역** : 봉사체험활동을 포함한 본인의 인성(배려, 나눔, 협력,

진로   기자

3학년 때 학교 글로벌 통번역 동아리 활동 중 UN 수자원 협약 관련 문서를 번역하게 되었는데 어려운 내용과 긴 문장, 생소한 용어들 때문에 어려움을 겪었다. 무작정 단어를 해석하기보다는 문장을 절로 나누어 한국어의 어순으로 재배치한 뒤 번역하는 방법으로 이를 극복했고, 이후 동아리에서 추가로 번역한 동화책 외에도 자체적으로 *Steve Jobs*, *Flowers for Algernon* 등을 영어 원서로 읽으면서 번역하며 공부했다. 역사 교과과정 중 라틴아메리카가 독립 이후에도 발전하지 못하고 있다는 부분에 흥미가 생겨 자율탐구 주제로 선정하였다. 라틴아메리카가 직면한 경제 문제를 알아보기 위해 《대홍수》(이성형)라는 책을 읽고 신문이나 인터넷 기사를 찾은 결과 특히 브라질이 식민지와 군부의 역사가 있고 서민 출신 대통령이 등장해 개혁을 추진하였다는 점에서 우리와 닮은 점이 많다고 느꼈다. 실제로 브라질의 문제 중에서도 우리나라와 비슷한 것들이 많아 브라질이 극복해온 과정을 연구하고 적용하면 우리나라의 문제 역시 일부 해결할 수 있을 것이라고 생각했다. 브라질이 FTA, 연금, 세제개혁 등의 문제를 해결해온 과정을 탐구하고 이를 바탕으로 우리나라가 나아갈 방안을 제시하는 내용의 보고서 및 칼럼을 작성하였다.

사회가 올바른 방향으로 나아가는 데 일조하고 싶고 의문이 생기면 끝까지 파고드는 성격인 나에게 가장 맞는 직업은 기자라고 생각한다. 한영외고에 지원한 이유는 본교가 세상에 대한 시각을 넓히고 기자의 자질을 갖추는 데 최적의 조건이라고 생각해서다. 인문학 포럼, 영어 독서토론과 같은 수업을 통해 기자가 되는 데 필수적인 논리력과 인문학적 소양을 기를 것이며 HEART나 방송반 등의 동아리에서 다양한 시각을 가진 학우들과 교류하고 싶다. 사회와 역사는 깊은 연관이 있다고 생각하여 이에 대해 탐구하고 소논문을 작성할 것이며, 인권과 반전의 메시지를 담은 티셔츠를 디자인 및 판매하여 수익은 사회단체에 기부하는 활동도 할 것이다. 졸업 후에는 사회학부에 진학해 기술·정치·경제 등 다양한 요소와 사회의 관계에 대해 탐구할 것이고 이후 기자가 되면 국민의 손익 및 권리와 관련된 정책, 현상 등에 대해 공정하고 심도 있는 보도를 할 계획이다.

또래 상담자 활동 중 소위 노는 아이 하나가 찾아와 자신의 생활이 후회되고 앞으로 어떻게 해야 할지 모르겠다고 털어놓았다. 나

역시 방황하던 때가 있었고 변화라는 것이 얼마나 힘든지 알았기에 그 마음이 더욱 이해되었고 돕고 싶어졌다. 먼저 잘못된 생활 습관을 고치기로 약속하여 지키도록 하였다. 학습 멘토로서 늦게나마 시작한 공부를 도와주었고, 내가 힘들었던 때의 경험을 나누며 조언해주기도 했다. 또 앞으로의 진학이나 진로, 어떤 사람으로 살아가야 하는지에 대해 함께 고민하고 답을 찾으려 노력했다. 반년간 함께 지내며 그의 변화를 도왔을 뿐 아니라 나 자신을 돌아보며 많은 성장을 이룰 수 있었고, 상대와 공감하고 서로의 시각을 공유하는 방법 역시 배웠다.

❶ 교내 활동과 연결해서 우수한 학업 능력을 나타냈다.
❷ 구체적인 자율 탐구 과정으로 학업 활동을 보여주었다.
❸ 입학 후와 졸업 후 활동을 진로와 관련지어 상세하게 서술했다.

진로   외교통상전문가

교내 동아리인 별별 인문사회 독서토론 동아리에서《허생전》을 읽고 매점매석의 정당성에 대해 토론했다. 반대편이었던 나는 매점매석의 개념을 현대사회의 독과점과 연계하여 조사해보았다. 조원들과 함께 교보문고로 견학을 가서 허생의 행동을 비판할 수 있는 연계 도서들을 찾아보았다.《풍요 속의 빈곤, 모순으로 읽는 세계 경제 이야기》(장시복)는 다국적기업과 선진국의 이기심으로 부익부빈익빈 현상이 국제사회에서 적용되는 현대사회의 모습을 설명한 책이었다. 이 책을 통해 허생의 생필품 독점을 국제적인 시각으로 확대하여 설명할 수 있었다. 토론 당일 찬성 측은 허생이 조선 후기 양반 사회를 풍자했다고 주장했다. 우리 조는 본질적인 측면에서 허생이 좋은 의도로 시작했지만 물가 상승을 유발하여 서민들의 등골을 휘게 한 매점매석의 부작용에 대해 독과점을 예로 들어 반박하였다. 치열한 공방 끝에 토론 내용을 정리하여 동아리 활동 보고서에 기록했다.

2학년 때 또래 학습 리더로서 친구의 멘토가 되어 일주일에 한 번씩 수학을 공부했다. 매주 진도를 정해 친구가 모르는 부분을 설명해주었다. 자료의 산포도와 표준편차라는 추상적인 개념을 성적 산출과 연관 지어 설명해주었다. 또한 친구는 계산을 할 때 암산을 많이 해서 정해진 시간 안에 자세한 풀이 과정을 쓰는 연습을 반복했다. 그 친구와 3학년 때에도 교내 자율 공부방을 신청하여 방과 후 자율학습을 이어갔다.

《위기의 밥상, 농업》(서경석)을 읽고 미약한 우리나라의 발언권을 알게 되어 외교통상전문가의 꿈을 키우게 되었다. 나에게는 단순히 외국어를 배울 수 있는 학교가 아닌, 배운 언어를 적극적으로 활용하여 지구촌 시대에 필요한 관용을 바탕으로 국제사회의 리더로 발돋

움하게 도와주는 학교가 필요하다. 따라서 내게 외국어고등학교는 외국어 학습을 통해 적극적인 소통 능력을 향상시킨다는 점에서 적합하다. 서로의 문화를 이해할 때 비로소 마음의 문이 열리는 것이다. 한영외고 입학 프로그램에 참여하면서 진로에 구체성이 더해지게 되었다. 학생 자율이 보장되는 한영외고에서 정치외교 동아리 HYDL에 가입하여 모의유엔 형식의 토론과 시사문제 토의를 통해 꿈을 이루기 위한 정치, 경제에 대한 지식을 넓힐 것이다. 정치외교 학부에 진학한 후 외교통상부에서 FTA 협상 대표로 일하면서 국제 관계를 조율하는 역할을 하고 싶다.

2학년 때 〈중학생들의 빌기도+ 과소비 탐구〉라는 탐구발표 보고서를 썼다. 조사의 신뢰성을 위해 응답자 남녀 각각 50명을 맞추는 것이 어려웠다. 총 100개의 설문지를 모으기 위해 고군분투했다. 엑셀 프로그램을 활용하여 전산 처리를 했다. 보고서의 내용을 성별과 학년에 따라 분류했는데, 항목별로 학용품 소비에 큰 차이를 보이는 것이 놀라웠다. 대체로 학년이 어릴수록, 여학생일수록 과소비 정도가 심한 편이라는 결론이 나왔다. 탐구발표 보고서 쓰기를 계기로 끈기와 성실함을 바탕으로 한 문제해결 능력을 통해 자료 조사 및 정리 능력이 향상되었다. 자유연구발표라는 소중한 경험을 통해 아무리 어려운 일이라도 끝까지 물고 늘어지는 인내를 배우게 되었다.

❶ 동아리 활동 내용 중 한 가지를 구체적으로 서술하여 학업으로 연결 지었다.
❷ 탐구발표 보고서라는 활동으로 학업에 필요한 문제해결 능력뿐 아니라 일반적인 인성의 내용과 다른 '인내'라는 학생만의 특징을 부각했다.

진로   국제공무원

국제공무원을 꿈꾸기에 국제정세 및 시사문제 지식을 쌓고자 토론클럽에 가입하여 2년 동안 23개의 주제를 다뤘다. 그중 총기 소지 찬반이 가장 기억에 남는다. 총기 소지 반대 의견을 맡아 총기 소지 불법화의 근거를 찾기 위해 *The New Yorker* 칼럼 'Battleground America'를 읽고 다큐멘터리 'Bowling for Columbine'을 봤다. 또한 책《미국의 총기 문화》(손영호)를 읽고 NRA의 로비로 총기 소지 반대법이 통과되지 못한다는 사실을 알게 되자, 총을 무기 그 이상으로 보는 미국인들의 의식을 바꾸기 힘들 것이란 판단이 들었다. 공화당 지지자도 설득한다는 목표를 갖고, 마이클 월드맨의 'The Second Amendment : A Biography'를 참고하여 총기 소지의 근거로 악용된 미국 권리장전 제2조를 명확하게 정의해야 할 필요를 느꼈다. 단체와 개인의 이익을 위해 법률을 자의적으로 해석하는 모습에서 법과 제도를 잘 만드는 것만큼 사용자들의 의식수준도 중요하다는 결론을 내렸다. 이는 중요한 논점으로 다가왔고, 친구들의 의견을 듣기 위해 페이스북 설문조사 기능을 활용하며 찬성론자들의 의견도 NRA 사이트에서 분석, 정리했다. 마지막으로 시민단체들이 대대적인 캠페인을 통해 사람들의 견해를 바꾸고 정치인들은 다른 방법으로 선거자금을 마련해야 한다는 해결책을 제시했다. 이러한 준비를 통해 내 의견을 관철시키는 법을 배웠고 협상 및 설득하는 능력을 키울 수 있었다.

국제 근무의 필수인 영어 어휘력을 기르기 위해 책에서 단어들의 어근과 어원을 공부했다. 예로 셰익스피어 고전을 읽으면서 라틴어 'sent' 어근을 갖고 있는 'consent'라는 단어에서 'dissent', 'sentiment' 같은 단어들도 배웠다. 이는 어휘력 확장과 새로운 단어를 기억하는 데 큰 도움이 되었고, 모르는 단어가 나와도 어근을 보고 뜻을 유추할 수 있었다. 앞으로도 새로운 배움을 체계적으로 분류, 정리하는 습관을 계속 길러 지식을 더 탄탄히 다질 것이다.

영화 〈캡틴 필립스〉에서 소말리아 해적들이 원래 어부지만 내전 피해로 해적질을 시작했음을 알게 됐다. 세계 곳곳에서 벌어지는 이와 같은 문제에 대한 실질적 해결책을 찾는 UNDP에서 재난 방지 및 재건 업무를 하고 싶다. 한영외고에서 국제기구 근무에 필요한 외국어 능력을 체계적 학습과 인증시험으로 향상시키고 KIMC, HYDL을 통해 국제정세에 대한 시야의 확장과 다양한 토론 방식으로 논리적 사고력을 기를 것이다. 졸업 후 UNDP에서 활용할 수 있는 정치외교를 전공하고 외교부에서 실무 경험을 기르고 JPO 시험을 준비할 것이다.

아이들에게 영어책을 읽어주는 봉사를 했는데 익숙지 않은 언어여서 그런지 금방 흥미를 잃고 딴짓을 했다. 고민하다 책 한 권을 먼저 영어 CD로 들려준 후 한국 책, 영어 원본 순으로 읽어주며 어려운 단어는 쉬운 동의어로 설명했다. 덕분에 아이들 집중 시간이 길어졌고 읽고 싶은 책을 찾아와 적극적으로 요청하기도 했다. 이를 통해 도움을 주려면 상대방 눈높이를 생각하며 고민해야 함을 깨달았다.

❶ 토론 클럽의 '총기 소지 찬반' 활동 과정을 구체적으로 서술함으로써 뛰어난 학업 능력을 보여주었다.
❷ 그 과정을 통해 영어 능력뿐 아니라 분석력, 기획력, 추진력, 적극성 등 탐구를 향한 열정을 드러내었다.

02 대원외고

지원동기, 입학 후 계획, 졸업 후 계획, 학습 과정, 인성 등 어느 한쪽으로 치우치지 말고 글자 수를 안배해야 한다. 대원외고는 네 가지 영역에 모두 같은 배점을 주어 평가하므로 진로 계획과 맞추어서 학업 활동을 쓰도록 한다.

대원외고는 배점이 정해져 있고, 글자수 권장량이 있으니 지키도록 하자. 또한 순서대로 빠짐없이 쓰라는 유의사항도 있으니 유념해야 한다.

나의 꿈과 끼, 인성(1,500자 이내, 띄어쓰기 제외)

1. **자기주도학습 과정(20점)** : 학습을 위해 주도적으로 수행한 목표 설정·계획·학습 그리고 그 결과 평가까지의 전 과정(교육과정에서 동아리 활동 및 진로체험, 꿈과 끼를 살리기 위한 활동 및 경험 등 포함)을 구체적으로 기술하십시오.
2. **지원동기 및 입학 후 활동계획(5점)** : 본교의 특성과 연계하여 본교

및 희망 전공어에 관심을 갖고 지원하게 된 계기와 준비과정, 본인의 꿈과 끼를 살리기 위한 입학 후 활동 계획

3. **졸업 후 꿈을 이루기 위한 구체적 활동계획(5점)** : 본교 졸업 후 본인의 꿈을 이루기 위한 진로계획 및 실현방법에 관하여 구체적으로 기술하십시오.

4. **인성 영역(10점)** : 봉사·체험활동을 포함한 본인의 인성(배려, 나눔, 협력, 타인존중, 갈등관리, 관계지향성, 규칙준수 등)을 나타낼 수 있는 개인적 경험 및 이를 통해 배우고 느낀 점을 구체적으로 기술하십시오.

위의 1번부터 4번까지 항목을 구체적으로 기술하되,

가. 1, 2, 3, 4 항목의 내용을 순서대로 빠짐없이 반드시 작성(미 작성 항목의 경우 0점 처리)

나. 4개 항목 전체를 띄어쓰기 제외하여 1500자 이내 작성

다. 글자 수는 점수 배점을 고려하여 대략 자기주도학습 과정 700자, 지원동기 및 입학 후 활동계획 200자, 졸업 후 꿈을 이루기 위한 구체적 활동계획 200자, 인성 영역 400자 정도로 배분하는 것이 좋음

진로 | 외교관

도덕 시간에 성악설과 성선설을 주제로 토론하는 과정에서《한비자》를 읽었는데 성악설의 입장에서 강력한 법이 필요하다고 주장하

는 것을 볼 수 있었다. 하지만 애덤 스미스의 《국부론》을 읽으면서 오히려 인간의 이기적인 본성이 보이지 않는 손으로 작용해 경제를 잘 돌아가게 한다는 것을 보고 악한 본성을 법으로 강력히 규제할 필요가 있을지 의문이 들었다. 특히 징계보다는 학생들의 주체적인 해결을 유도하는 자치법정에 관심을 갖게 되면서 강력한 법의 한계를 느낄 수 있있다. 자치법정 활동 중에는 논리적으로 상내방을 설득하고 유리한 판결을 이끌기 위해 《변호사 논증법》(최훈)이라는 책을 읽었다. 논쟁에서 이기기 위한 다양한 실전 논리를 접하면서 논리력과 문제 해결 능력을 함양하였고 이를 수학 멘토링에도 활용해서 친구들에게 과정에 대한 이해를 통하여 문제를 풀 수 있도록 도와주었다.

　역사 시간에 을사조약에 관해 분석하고 발표를 준비하는 과정에서 정재성 교수의 강의인 '동아시아의 역사 갈등과 화해'를 들던 중 한국과 일본 사이의 가장 큰 문제는 한 역사를 각자의 시각에서만 바라보는 것이라고 느꼈다. 이를 해결하려면 양국의 문화와 역사를 이해하는 것이 중요하다고 생각해 대원외고 일본어과에서 언어와 문화를 익혀 한일 관계를 잘 풀 수 있는 외교관으로서 준비를 하고 싶다. 을사조약에 관한 깊은 탐구를 연장하여 국제연합 동아리와 역사 토론 동아리를 통해 역사 인식의 다양성을 이해하고 싶다. 품격 높은 학교에서 국제사회에서의 한국의 모습을 이해하고, 외교관으로서 연마해야 할 다양한 소양을 갖출 수 있다는 점에서, 한일 문제뿐만 아니라 동아시아 및 세계로까지의 국제관계에 힘쓸 수 있을 것이라는 확신이 들어 본교에 반드시 입학하고 싶다.

《국부론》에서 한 국가의 경제성장 정도가 국력에 큰 영향을 미쳐 외교 관계에 상당히 유리하게 작용한다고 했듯이 서울대학교 경제학과에 입학하여 경제성장을 위한 과정을 배워보고 싶다. 그 후 로스쿨에서 여러 국가의 법을 연구한 후에 경제와 법을 꿰뚫는 외교관이 될 것이다. 본교에서 갖춘 인문학적 소양과 바른 인성을 기반으로 한일 관계나 한반도의 향후 변동 상황 등 기본적인 문제의 개선을 위해 힘쓰고 더 나아가서는 한국과 경제대국 간의 외교 관계를 파악하고 어떻게 우리나라의 외교권을 잘 지킬 수 있을지 고민해보고 싶다.

처음에 오케스트라에서 캄보디아 장애인을 위한 연주를 할 때 단순히 내가 연습한 것을 남에게 보여주는 데만 의미를 두었다. 하지만 학급 임원이 되어 친구들을 이해하려고 노력하면서 나보다 남을 먼저 생각하는 정신을 배웠다. 특히 자치법정 동아리에서 변호사 역할을 맡아 과벌점자가 행동을 개선해나가는 모습을 보고 상대방을 따뜻하게 감싸줄 수 있는 능력이 중요하다고 느꼈다. 그래서 3학년 때는 내가 가지고 있는 것을 남에게 베푼다는 마음가짐으로 연습에 임했고, 그렇게 만들어진 작은 정성들이 캄보디아 어린이에게 밝은 미소로 전달되었을 때, 비로소 진정한 봉사의 의미를 깨달을 수 있었다.

❶ 다양한 독서를 통해 뛰어난 학업 능력을 드러냈다.

❷ 활동들이 나열되어 있지 않고 하나의 활동이 계기가 되어 다른 활동으로 이어졌다.

❸ 입학 후, 졸업 후 계획에서도 학업적 활동과 우수성이 나타난다.

진로　**문화콘텐츠 기획자**

　제 장점은 꾸준함입니다. 800단어가량의 글을 2주일에 한 편씩 쓰겠다는 계획을 세우고 4년 동안 꾸준히 실행했습니다. 예술과 과학의 관계를 설명한 에세이, 지질 단층의 부정합에 관한 영시, 오빠가 동생에게 열용량 개념을 설명하는 단막연극 대본, 'Crispin' 시리즈의 편집장에게 보내는 편지 등 다양한 글을 작성했습니다. 보라색 합성 염료를 발견하는 실험과정 및 소감을 영문 연구일지로 쓸 때, 끝없는 시도에서 업적이 나온다는 것을 느꼈습니다. 과학자 William Henry Perkin의 입장에서 연구일지를 쓰기 위해 Encyclopedia Britannica 등에서 영문 정보를 수집하였으며, 실험 과정을 기술하기 위해 2학년 과학 교과서에 나온 가설 검증 절차를 참고했습니다. 꾸준히 자료를 찾아 읽으면서, 다양한 분야에서 지식을 쌓았고 어휘와 독해력도 향상되어 언어는 유기적 관계를 맺고 있음을 배웠습니다.

　대원외고는 저의 특기인 영어 글쓰기는 물론, 중국어 공부를 깊이 있게 할 수 있는 학교입니다. 중국어와 한문 역시 중학교 3년 동안 꾸준히 해왔기에, 회화와 작문에서 고급스러운 표현을 구사하도록 노력할 것입니다. 집중력과 체력에 자신 있으므로, 야간자율학습으로 모든 과목을 고르게 잘하고 싶습니다. 고전 영문소설 읽기와 인문학 특강으로 대원인의 품격과 실력을 동시에 갖추려 합니다. 플루트 발표회를 가졌던 것과 학급 배구선수로 뛰었던 경험을 바탕으로 오케스트라 뮤즈에서 연주하고 Spoarts day에서 단체운동을 하고 싶습니다.

미국에서 6년 학교를 다니는 동안, 도서관에서 책을 읽을 때마다 한국 책들이 미국에 그다지 많이 출판되어 있지 않다는 점에 의문이 들었습니다. 학교 동아리 활동으로 코엑스에서 열린 서울국제도서전에 갔을 때, 다양한 문화권의 국가들이 책과 파생상품들을 교류하는 것을 보고, 다국적 학생들과 교류한 저의 경험이 자산이 된다는 것을 깨달았습니다. K-POP이나 K-드라마만 한류가 아닙니다. 저는 대중성과 문학성을 겸비한 한국 작품으로 출판 한류를 일으켜 세계로 뻗어나가는 글로벌 문화콘텐츠 기획자가 되고 싶습니다. 이를 위해 언론정보학과에서 문화 홍보를 공부하여 여러 문화권이 효과적으로 소통할 수 있는 통로를 찾고 싶습니다.

책이 좋아서 선택한 도서부는 우리 학교 동아리 중에서도 제일 활동이 많은 곳이었습니다. 그중 10권의 책을 순번을 정해 돌려 읽고 독후감을 이어 쓰는 독서 마라톤은 늘 마감시한이 촉박했습니다. 제가 읽어야 할 책을 제때 받지 못해서 급하게 책을 읽고 서둘러 독후감 쓰기를 몇 번 하다 보니, 모든 구성원이 성실하게 규칙을 준수해야 한다는 것을 느꼈습니다. 독후감 이어 쓰기 외에도 매달 쓰는 독후감 노트, 독후 프레지 발표 등 동아리 과제가 워낙 많다 보니, 모두들 시간에 쫓길 수밖에 없었습니다. 그래서 양재천 생태계 사전조사를 조별 활동으로 할 때는 과제가 밀리지 않도록 친구들과 함께 중간점검을 하기로 약속했으며, 그 과정에서 시간관리 능력이 매우 중요하다는 것을 느꼈습니다.

 ❶ 과학과 영어를 결합하여 뛰어나 학업 능력을 나타냈다.
❷ 언어뿐만 아니라 다양한 활동을 자기소개서의 모든 항목에 적절하게 배치하여 학생의 특기를 잘 드러냈다.

진로　경제분야 전문 외교관

전 교과 실력 향상을 위해 국어는 모든 학문의 기본이므로 국어 기본기를 탄탄히 하고자 노력했다. 사고력과 분석력, 그리고 어휘력을 위해 신문 사설을 스크랩하고, 뜻을 찾으며 한자 실력도 키웠다. 최근엔 에볼라 바이러스 치료제가 왜 적극적으로 유통되지 않는지 의문을 품고 조사하다 선진국과 거대 제약회사의 비윤리적 경제 논리에 충격을 받았다. 국제관계의 경제 논리에 관한 논문들을 보며 힘의 논리에서 나라를 지키고자 하는 꿈이 더욱 단단해졌다. 이런 경험을 바탕으로 교내 자율토론클럽을 주도적으로 결성하여 여러 정책에 대해 비판적 분석을 했다. 특히 청소년의 안전을 위협하는 스마트미디어의 심각성을 깨닫고 청소년보호법, 여가부의 발표 및 해외 사례와 청소년 보호 관련 논문을 보며 토론클럽의 이름으로 정부에 직접 문제점을 지적하고 제조사, 통신사, 정부에 제안할 대안을 마련했다. 이 과정을 통해 제도가 사회에 미치는 힘을 깨닫고 문제에 접근하고 대안을 찾는 방법을 배울 수 있었다.

'Koreans Branching Out Around the World'는 내가 꿈꾸는 미래와 일치한다. 대원외고의 차별화된 교육 시스템은 경제 전문 외교관이 되고자 하는 내 꿈을 실현시킬 것이다. 그리고 국제 무대에서 영향력이 계속 커지고 있는 중국어를 배울 것이다. 영어는 중학 시절의 미국 드라마 번역 활동과, 초등학교 4학년 이후 매주 한 편씩 써온 영어 에세이 쓰기를 계속하며 실력을 쌓을 계획이다. 또한 한자성어를 통해 한문을 익히고 국어 실력을 향상시킨 만큼 이 역시 계속할 것이다. 열두 개의 DHS 인증서 중 열 개 이상을 획득하는 것은 또 다른 목표다. 맛뜨락에서 한식을 배워 문화외교 자질까지 계발하며 여성 외교관으로서 나를 차별화시켜 꿈을 향해 끝없이 나아갈 것이다.

최근 다양한 나라와 FTA를 체결하면서 수혜 집단도 있지만 피해 받는 소수도 분명 존재한다. 이러한 뉴스를 보며 국제관계가 산골의 농민들에게까지 미치는 영향을 실감하고 이에 대해 대책을 찾고자 한다. 졸업 후 전공은 경제학으로, 부전공은 세계사를 택할 것이다. 금융과 실물경제가 갖는 연관성을 분석하고 교역에 어떻게 영향을 미치는지 연구할 것이며 동시에 다른 나라의 역사 공부도 함께 해서 상대국을 이해하고 소통할 것이다. 이를 바탕으로 경제외교관이 되어 FTA로 인한 농민들의 피해와 같은, 국제관계 속에서 생기는 소수의 희생과 부작용을 줄일 것이다.

교내 자율토론클럽 리더를 맡아 청소년 안전의 위협 요소를 함께 고민했다. 그런데 유해환경, 학교폭력 등 좋은 주제가 많이 나와 주제선정에서 마찰이 있었다. 원래는 각자 재능에 맞게 조사팀과 브레인스토밍팀, 그리고 발표팀으로 나눴다. 하지만 주제 선정에 고집을 꺾지 않는 친구가 있어 양보 대신 원하는 팀 배정으로 협상하고, 친구를 보조할 수 있는 다른 친구를 같은 팀으로 재배치했다. 그 후에는 오히려 그 친구가 제 역할을 잘해줘서 큰 도움이 되었고, 결국 정부에 정책을 제안하는 등 좋은 결과를 얻게 됐다. 그리고 이를 통해 팀을 이끄는 법을 익힐 수 있었다.

❶ 진로를 갖게 된 동기와 그를 위한 활동이 서로 유기적으로 연결되어 있다.
❷ 학업 활동들이 하나의 스토리로 연결된다.
❸ 입학 후, 졸업 후 구체적인 활동 계획을 통해 진로에 대한 진정성이 느껴진다.

03 경기외고

진로 동물행동심리학자

중1 때 프로이트의《청소년을 위한 꿈의 해석》을 읽고 심리학자를 꿈꾸었고 이후 콘라드 로렌츠의 *Here am I, Where are you?*를 읽으면서 동물행동학에 관심을 가지게 되었다. 친구들에게 동물행동심리학자라는 진로에 대해 알리고 싶다는 생각으로 교내 영어신문부에서 콘라드 로렌츠와 그가 연구한 임프린팅 현상을 소개하는 기사를 썼다. 기사를 쓰기 위해 여러 책을 읽고 조사를 하면서 동물의 심리, 동물학자의 노력 등에 대해 알게 되었고 영작문에 대한 자신감을 얻었다. 또한 매주 〈타임〉지를 꾸준히 읽으면서 멸종 위기 동물에 대한 기사를 접하고, 검색을 통해 제인 구달 박사가 운영하는 'Roots and

Shoots'라는 단체를 알게 되었다. 그리고 우리나라 멸종 위기 동물들에 대해 세계적인 관심이 필요하다고 생각하여 'Protecting the Endangered Korean Animals'라는 프로젝트를 만들어 수행했다. 그 과정에서 각 나라 멸종 위기 동물들을 수록한 적색자료집에 대해 알게 되었고 현재 우리나라는 자료집이 완성되지 않았다는 사실에 놀랐다. 그래서 국가적인 차원에서 이 자료집을 완성하여 한국 멸종 위기 종에 대한 국민들의 관심을 증대시켜야 한다는 글을 올리면서 프로젝트를 수행하였다. 이러한 독서와 영문 사이트 등을 통한 진로 탐색 과정으로 영어뿐 아니라 진로와 관련한 지식도 쌓을 수 있었다.

평소 책을 즐겨 읽는 습관은 교과 공부에도 도움이 되었다. 이 중 《새빨간 거짓말, 통계》는 수학 통계 단원을 배울 때 다양한 대푯값들의 정확한 사용이 중요하다는 점을 인식하도록 해주었다. 네덜란드의 경제학자 얀 펜의 '난장이 행렬'은 특정한 표본으로 인해 평균이 훌쩍 증가하는 것을 보여준다. 그래서 평균의 오차를 줄이기 위해 어떤 방법이 있는지 조사해보게 되었는데 위의 경우에는 표본의 분포에 따라 1을 기준으로 가중치를 두는 방법이 산술평균에 비해 오차를 줄일 수 있다는 것을 알게 되었다. 나는 이 방법을 우리나라 평균 사교육비를 계산하는 데 사용해보기도 하였다.

동물행동심리에 대한 연구는 국내에서 많이 부족하다. 그래서 국내 대학에서 심리학의 기초를 다지고 Bucknell 대학 등 해외 대학에서 동물행동심리학을 깊이 공부하여 학문 발전에 기여하고 싶다. 경기외고의 의사소통 중심 외국어 교육, 특히 GAFL7 인증제를 통한 비교과 교육 중 2학년 논문 작성은 내 목표를 이루는 데 필수라고 생각하여 지원했다.

반장을 하면서 나는 매년 체육회의 가장행렬을 친구들과 준비하였다. 1학년 때 어려움을 겪었기에 2학년 때는 미리 계획을 세웠다. 우선 노래를 최대한 빨리 반 투표로 정하였다. 그다음 연습 시간을 정할 때 남기 싫어하는 친구들을 위해 선생님께 허락을 받아 조례, 종례, 점심시간에 연습을 하였다. 이렇게 우리는 높은 참여 속에서 행사를 준비할 수 있었다. 반 친구들 요구를 다 맞추는 것은 어려운 일이었다. 하지만 친구들 마음을 알기 때문에 무조건 강요하기보다는 방법을 찾아보려 했고 그것을 친구들이 알아주었기에 가능했던 일이다.

❶ 진로와 영어를 연결해서 프로젝트 활동을 통해 하나의 스토리로 이끌어냈다.
❷ 영어 공부법이 아니라 관련 활동을 통해 영어 능력이 우수함을 세련되게 드러냈다.
❸ 독서 활동을 통해 수학적 분석 능력 또한 보여주었다.

인터넷에서 만난 여러 나라의 E-pal 친구들과 이메일을 주고 받으며 호텔리어란 직업에 관심이 생겨 하야시 마사미쓰의 《전설적인 호텔리어의 no라고 말하지 않는 서비스》를 읽으며 꿈을 키웠다. 호텔리어는 우리나라에 방문하는 외국인들을 가장 가까이서 대하는 사람이다. 우리나라의 이미지를 만드는 데 결정적인 영향을 미친다고 생각하여 책임감 있는 호텔리어가 되고 싶다. 호텔리어에게 필요한 자질인 소통력과 국제적인 감각을 키우기 위해서 경기외고에 진학하기를 희망한다. 진학 후 동아리 MAC에 들어가 경영을 배우고, 2학년이 되면 GAPT 프로그램을 통해 후배들을 가르쳐줌으로써 경영과 관련된 지식을 배우고, 소통력을 기르고 싶다.

역사 수업 시간에 일제강점기와 광복 관련 단원을 배우던 중 포츠담 회담에 대해 알게 되었다. 과제로 회담에 대해 조사하다가 승전국들이 영토와 자원을 나누어 가질 때 각자 만족할 만한 분배를 하기 위해 합리적이며 수학적인 방법인 휴고 슈타인하우스의 분배법칙을 사용했다는 사실을 알았다. 처음 들었을 때는 인수분해에 쓰이는 분배법칙인 줄 알았는데 알고 보니 무언가를 나눠야 할 때 모두가 만족할 수 있도록 하는 것으로 다섯 가지 방법이 있었다. 박경미의 《수학콘서트 플러스》를 읽으며 분배법칙이 사용되는 예시를 보고 다섯 가지 방법을 공부해 친구들과 장단점에 대해 토론했다. 또한 포츠담 회담에서 미국이 분할자가 되어 공평하게 분배해 소련과 영국이 먼저 분배된 영토 중 하나씩 고르고 남은 것을 미국이 갖는 마지막 분할자 방법을 썼다는 것을 발표하였다. 케이크를 나누는 것처럼 분배법칙이 실생활에서 많은 부분에 활용되고 있다는 사실을 알았다.

또한 평소에 야구를 좋아했던 나는 영화 〈머니볼〉을 보고 통계학적으로 출루율만 보고 선수를 뽑아서 저비용의 팀을 만들어 기적적으로 성공했다는 것이 놀라웠다. 이런 통계에 대해 조사해보던 중 경영의 통계학에 '빅데이터'라는 것이 등장했다는 것을 알게 되었다. 이에 관심이 생겨 사회 속의 빅데이터를 계속 접하기 위해 뉴스와 책들을 보았다. 하지만 한국소비자원에서 의료분쟁이 일어나는 원인에 대해 통계를 내어 잘못된 정보를 제공해 사회에 혼란을 준 것처럼 통계가 가진 오류가 잘 드러나는 사례도 있다는 것을 알았다. 이 사례들을 통해 통계의 양면성을 알게 되어《빅데이터를 지배하는 통계의 힘》(니시우치 히로우)을 읽으며 통계를 공부했다. 정보가 중요한 미래의 경영학에 있어서 빅데이터와 통계는 큰 도움이 될 것 같고, 호텔 경영을 할 때 이것을 이용해 창의적인 상품을 기획해보고 싶다.

2학년 때 활동하던 밴드부가 폐부되어, 학생들의 관심을 유발할 수 있는 오디션을 선생님께 제안해 다시 개설하였다. 버스킹 등 자유로운 활동을 하고 싶어 하는 부원들과 학생들의 안전을 위해 활동을 제한하는 학교 사이에 대립이 있었다. 이러한 상황에서 위험성과 예산 문제가 있는 버스킹 대신 부원들끼리 합주실을 빌려 축제 연습을 하는 중간 타협점을 제시해 전일제를 기획했다.

❶ 수학적 학업 능력을 부각했다.
❷ 수학의 통계 부분을 호텔리어의 경영과 연결해서 수학 서술에 대한 개연성과 진정성을 확보했다.
❸ 다양한 독서를 통해 공부했음을 나타냈다.

진로   변리사

나의 자기주노학습은 '독서를 통한 추가 탐구'와 '과목 간의 융합'이라 할 수 있다. 수학 심화반에서 입체모형을 통해 다면체의 페르마 포인트를 찾아보는 실험을 한 적이 있다. 페르마가 어떤 수학자인지 호기심이 생겨《페르마의 마지막 정리》(사이먼 싱)를 찾아 읽으면서 수학은 각기 다른 분야의 이론들도 유기적으로 연결시킬 수 있는 무한한 발전 가능성을 가진 학문이라는 것을 깨달았다. 이것이 자기주도학습의 출발점이었고 수학 공부에 더욱 흥미를 갖게 되었다. 쏟아진 커피의 면적을 수학적으로 구할 수 있다는 말을 듣고《미적분에 강해진다》(시바타 도시오) 등의 책으로 구분구적법과 같은 주제도 어렵지 않게 접근할 수 있었고《시네마 수학》(이광연)이란 책을 보며 영화 속 숨겨진 수학에 관심을 갖게 되었다. 이야기가 전개되면서 관객

이 지나칠 수 있는 수학 용어 및 원리를 발견하고 뿌듯함을 느끼기도 했다. 이 중에서 영화 〈설국열차〉가 기억에 많이 남는다. 수족관 속 물고기 종수를 일정하게 유지하는 장면을 보고 통계적 원리를 사용하여 수생생물의 수를 추정해보았고, 사람의 체온이 열차 밖 온도와 가까워지는 현상을 보고 뉴턴의 냉각법칙과 지수함수의 그래프를 탐구할 수 있었다.

〈설국열차〉 사례를 통하여 과학과 수학이 연결되는 현상을 경험했고, 이는 사회 공부에도 영향을 미쳤다. 국가 간 분쟁과 관련하여 이라크 내전에 관한 추가 자료를 찾다 보니 많은 자료가 영어로 작성되어 있었다. 자료들을 해석하는 과정에서 자연스럽게 영어 어휘와 독해 능력이 향상되었고, 이라크 내전 및 미국의 군사 개입에 대한 소논문을 만족스럽게 작성하였다.

영어를 더욱 재미있게 공부하기 위해 영어영화리뷰 동아리에서 활동했다. 해외 영화를 시청하고 소감을 리뷰노트에 작성하는 작업을 하였는데 〈위대한 유산Great Expectations〉과 〈오만과 편견Pride and Prejudice〉은 매우 감동적이어서 원서를 읽었다. 이것을 시작으로 다양한 원서 읽기에 도전하였다. 이런 좋은 책들을 많은 사람들이 읽으면 좋겠다고 생각했는데 시각장애인을 위한 도서 입력 봉사활동이 있다는 것을 알게 되었다. 3년간 이 봉사활동을 하며 책을 통한 감동과 지식을 시각장애인들과 함께 나눌 수 있다는 점이 좋았고 이후 전래동화 번역 봉사로 불평등 국가의 어린이들에게 우리나라의 동화를 알리며 영어 실력도 향상시킬 수 있었다.

　나의 꿈은 국제상표 변리사다. 삼성-애플 간의 특허소송을 접하고, 《세상을 뒤흔든 특허전쟁 승자는 누구인가》(정우성)라는 책 등을 읽으며 변리사라는 직업에 대해 자세히 알게 되었다. 꿈에 다가가는 한 걸음으로 올해 국제교류 탐구반에 참여하였고, 글로벌 교류협력가 김승현 씨를 만나기도 하였다. 그와의 만남은 큰 기폭제가 되어 세계를 무대로 활약하는 변리사의 꿈은 단단해지고, 외국어고등학교에 진학하고 싶은 마음도 강해졌다.

　경기외고의 교육과정과 환경, GVT, GAIC, 영어모의법정 동아리 등의 특별한 프로그램들을 통하여 내가 지닌 강점을 발전시키고, 글로벌 감각과 문제해결력, 의사소통 및 외국어 능력 등 변리사에게 필요한 자질을 키워나갈 수 있을 것으로 기대한다.

❶ 수학 관련 학업 능력이 매우 우수하게 드러났다.
❷ 독서를 활용하여 학업 활동의 개연성을 확보했다.
❸ 수학-과학-사회-영어-소논문-봉사-동아리 활동들이 유기적으로 연결되어 있다.

04 과천외고

진로   기자

통일교육 시간에 북한 어린이들이 영양 결핍으로 죽어가는 모습에 충격을 받았고 통일에 관심을 갖게 되었다. 평화통일 글짓기행사에 참여하기 위해 분단의 배경, 과정 등의 자료를 찾으면서 통일에 대한 상반된 관점의 기사들을 분석했다. 통일을 지지하는 기사와 그 반대 기사를 비교하며 양측 주장을 뒷받침하는 장단점을 분석하고 통일의 당위성을 정리했다. 이를 통해 두 주장을 뒷받침하는 근거의 타당성을 고려하면서 비평하는 글을 쓰는 법을 익혔다. 논술 수행평가 자유 주제를 준비할 때는 평화통일과 관련된 정보를 찾았다. 기사와 칼럼을 분석해 평화통일을 이루기 위해선 기존 논의의 관점들과는 다른 새로운 접근법으로 남남 갈등을 해결해 북한의 신뢰를 얻고 통일에 대한 그들의 태도를 변화시켜야 한다는 내용의 글을 작성하였다. 이런 활동으로 우리 사회를 분석하는 글쓰기에 대한 흥미를 키워나갔다.

글쓰기에 대해 좀 더 공부하고 싶어《연암 박지원의 글 짓는 법》(박수밀)을 읽있다. 박지원의 삶과 그가 살았던 시대에 관심이 생겨 조선 후기에 대해 집중적으로 공부했고 그의 글을 찾아 읽었다.《양반전》,《허생전》,《호질》등을 읽고 그 시대를 비판하면서 사회 경제 개혁을 통해 박지원이 설계하고자 했던 조선의 미래를 읽을 수 있었다. 독서를 통해 글쓰기에서 역사까지 확장된 공부를 할 수 있었고 이런 학습법에 흥미를 느껴 교내 도서부원을 지원했다. 다양한 독서를 하던 중 책《기자가 말하는 기자》(박대호)에서 민경욱 기자의 언론의 자유를 수호하는 정신은 큰 영향을 줬다. 신문을 읽다 인상적인 사설을 스크랩하고 글의 구조 및 주제를 정리하고 지역 신문사에서 기자들의 강의와 편집회의에 참여하며 다양한 경험을 쌓았다.

방송기자는 다양한 사건 사고를 신속하게 보도하면서도 확고한 신념을 가진 오피니언 리더가 되어야 한다. 과천외고 영어과에 진학해 어학 능력을 바탕으로 세계를 무대로 활동하기 위한 기본적 품성과 실력을 갖추고 싶다. 입학 후, 언론 보도 평론 동아리를 만들고 싶다. 그곳에서 친구들과 언론이 객관적으로 보도하는 것이 가능한지에 대해 탐구할 예정이다. 졸업 후엔 대학에서 신문방송학을 전공하고 언론의 객관성을 보장하기 위한 방법을 주제로 논문을 작성할 것이다. 이를 바탕으로 약자의 입장을 대변하며 공정하고 진실만을 이야기하는 기사를 쓰고 싶다.

부반장이었을 당시 우리 반은 학급 분위기가 수동적이어서 학급 회의같이 참여가 필요한 활동을 할 때 의견이 쉽게 나오지 않았다. 한 번은 교내 체육대회에 필요한 반 티셔츠를 정할 때 회의에서 아무도 의견을 내지 않아 결국 결정을 못하고 회의를 마치기도 했다. 그날 심각성을 깨닫고 회의 분위기를 개선하는 방안을 고민했다. 의견 제시를 무기명으로 하고 비밀투표를 하면 효과적일 것이란 생각이 들었고 반장과 상의해 이를 실시했다. 친구들이 예상보다 다양한 의견을 가지고 있었고 비록 시간은 걸렸지만 대다수가 만족하는 결과를 얻을 수 있었다. 이를 통해 내 말이 옳다고 주장한다고 해서 해결이 되는 것이 아니라 상대방의 입장을 고려하고 반영해야 내가 원하는 바를 이룰 수 있음을 깨달았다.

 ❶ 기자라는 진로와 관련하여, 글쓰기에 대한 공부법을 시사 – 역사 – 독서 등과 연결했다.
❷ 다양한 활동을 통하여 전공 적합성을 보여주었다.

영어토론 동아리에서 사회·문화와 관련된 주제들로 토론하면서 외교관에게 필요한 협상 능력과 설득 능력을 배웠다. 동아리에서 이스라엘과 팔레스타인의 분쟁에 미국이 개입하는 것에 대해 토론을 하기로 결정한 후, 각 나라에 대한 구체적인 정보를 찾았다. 대부분의 자료가 이스라엘의 입장에서 쓰인 것을 알게 되어《아! 팔레스타인》(원혜진)이라는 책을 읽고 두 나라의 기원이 성서에서 시작한다는 사실과 외교 문제, 미국과 유대인들 사이의 관계와 침략 역사에 대해 알 수 있었다. 자료를 찾는 과정에서 이스라엘과 팔레스타인의 분쟁과 가자지구 폭격에 대한 동영상, 학술자료 등을 검색했고, CNN을 시청하고 잡지를 구독했다. 이를 통해 이스라엘과 팔레스타인에 대한 전문적인 용어들을 알게 되었고, 역사와 더불어 사회 공부에도 도움이 되었다. 역사 교과서 근현대사 부분의 일제강점기 단원을 통해 우리나라도 일제 식민지 시대를 겪으며 외교 문제가 생겨서 약탈당한 문화재를 아직도 찾아오지 못하고 있는 현실이 떠올랐다.《클레오파트라의 바늘》(김경임)을 읽고 약탈당한 문화재는 감정에 호소해서가 아니라 국제법에 따라서 반환된다는 것을 깨달았다. 이런 자료를 통해 문화외교의 필요성을 느꼈고, 일본어를 공부해서 일본에 빼앗긴 우리 문화재를 찾아오는 데 힘을 보탤 수 있는 문화외교관이 되기로 결심했다. 더불어 문화탐방반의 '궁 체험'이나 내 고장 문화재

홍보 팸플릿 제작, 사회·역사부장으로서 여러 활동들을 통해 더 깊이 있는 학습을 할 수 있었다.

과천외고의 교육 지표인 '세계 일류를 지향하는 글로벌 인재 육성'과 제2외국어 습득, 그리고 KHDC나 MUNERS가 내 진로인 외교관에 한 발 더 다가갈 수 있는 기회가 될 것이다. 입학 후에 영어 실력을 키우면서 일본어를 능숙하게 구사하는 것이 내 목표다. 그리고 정치나 외교에 관련된 도서와 프로그램을 시청함으로써 세계의 국제적 이슈들을 접하고, 국제감각과 외교관의 자질을 키울 것이다. 대학에서 정치외교학을 전공하여, 국립외교원에 들어가 다른 국가들과 교섭하고 그 속에서 국익을 지켜내며 대한민국을 대표하는 문화외교관이 되고 싶다. 또한 문화재 환수에 꾸준히 관심을 가지고 약탈당한 문화재를 되찾기 위해 노력하는 외교관이 될 것이다.

멘토멘티 프로그램은 중학교 활동 중 가장 뜻깊은 활동이었다. 내 멘티는 연예인 기획사 연습생이어서 수업을 1교시만 듣고 소속사에 가서 새벽까지 연습해야 했다. 멘티가 연습으로 피곤한 상태인 것은 알지만, 멘티가 수업시간에 잠을 자는 것을 깨우고 선생님의 설명부터 제대로 듣게 했다. 그리고 멘티가 듣지 못한 수업 내용을 정리해서 설명해주었다. 처음에는 멘티가 필기하는 것을 귀찮아 하고 수업시간에 졸려서 힘들어했지만, 이런 어려움을 겪을 때 옆에서 도와주었다. 시간이 지나면서 멘티는 자신이 이해할 수 있는 내용이 많아지자 수업에 흥미를 느꼈고, 성적 또한 향상되었다. 멘티가 열심히 노력하는 모습을 보면서 나도 내 꿈을 이루기 위해 더 노력해야겠다고 생각했다.

❶ 영어 토론 동아리에서의 활동 한 가지를 구체적으로 서술하여 영어와 사회 과목에서의 우수한 학업 능력을 보여주었다.
❷ 독서 활동으로 진로에 대한 계기를 보여주고 진로 관련 활동을 통해 진정성을 확보했다.

05 안양외고

진로 | 동북아역사 전문가

역사 시간에 6·25는 남한에 의한 북침이라고 하는 등 역사 왜곡을 실제로 경험하며 동북아역사 전문가가 되기로 결심했다. 그러려면 영어 외에 중국어도 필수이기에 공부하던 중, 파이어니어인증제와 헥사곤 같이 특화된 교육과정이 있는 안양외고가 최고의 학교임을 확신했다.

입학 후 반크에 가입해 국제 이슈를 토론하고 교과과정을 충실히 수행해 두 가지 언어를 더 발전시키고 싶다. 졸업 후 서울대 사학과에 진학하여 바른 역사를 연구하고 하버드에서 동아시아학을, 케네디 스쿨에서 국제관계학 학위를 취득 후 동북아역사 전문가가 되어 왜곡된 역사를 고칠 것이다.

〈틴비즈〉영자신문 에디터로 활동하며 번역기를 사용한 듯한 기사를 수정하고 명동역 통역 봉사를 하면서 역사 동아리에서 도슨트 활동으로 배운 경험을 살려 관광지를 묻는 외국인들에게 간단한 문화재 설명을 영어, 중국어로 안내하는 중이다. 중국어를 배울 때 어려움도 많았다. 중국어는 조사가 발달하지 않고 띄어쓰기도 없어서 문장성분을 구분하기 어려웠다. 중국어 실력이 일정한 수준에 도달하기 전엔 중국어에만 집중하기로 하고 매일 중국어를 12시간 공부했다. 중국 신문인 〈북경만보〉를 읽고 매일 1시간씩 선생님과 기사에 대해 중국어 토론을 하던 중, "덩샤오핑의 경제 개방이 비록 인민의 생활 수준의 불평등을 불러왔을지라도 그의 과감한 정책 덕분에 중국은 현재 세계 2위의 경제대국으로 성장할 수 있었다"라고 말하고 싶었다. 하지만 문장이 길어 힘들었다. 그래서 긴 문장은 작은 문장들로 쪼개고 어순을 바꾸기 쉽게 만들어 말하는 법을 연습했다. 결국 1년 반 만에 목표를 달성할 수 있었다. 현재는 실력을 유지하기 위해 중국 책《중국 고전 100선》을 한국어와 영어로 번역하여 블로그에 올리고 있다.

《수학, 인문으로 수를 읽다》를 읽고 모든 학문은 수학과 관련됨을 알게 됐다. 그 후 일상에 담긴 수학 원리를 즐겨 찾게 됐는데 축구경기를 보다 선수가 뛴 거리를 실시간으로 알려주는 것을 보고 어떻게 계산하는지 궁금했다. 트래킹 시스템을 만든 미국 OPta 사의 홈페이지와 구글 검색, 신문 등을 보며 트래킹 시스템이 피타고라스 정리를 이용하여 선수들의 이동 거리를 측정한다는 사실을 알게 됐다. 더 자세히 알고자 Kocw.net 박성호 교수님의 '수의 세계' 강의를 봤다. 피타고라스의 정리를 분할법, 넓이를 이용한 증명법으로 증명하며 확실히 익혔다. 나아가 무리수임을 증명하는 수학적 귀류법까지 알게 됐고 꼬리에 꼬리를 무는 앎의 즐거움을 맛봤다.

'학교 밖 역사 이야기' 동아리에서 단장이 출석률이 낮은 학생을 모두 제적시키자고 했다. 나는 모두 역사를 좋아하는 학생이니 무조건 제적보다는 결석한 원인을 알아보자고 제안했다. 이를 위해 홈페이지를 재정비하여 신입회원이 부담 없이 모임에 참여할 수 있게 했고 운영진만의 회의를 바꿔 모두 참석할 수 있게 카카오톡 회의를 시행하자 천천히 출석률이 높아졌고 지금은 결석률이 한 자릿수로 떨어졌다. 시간은 더 걸릴지 모르지만 함께하면 더 멀리 갈 수 있음을 믿고 모두 같이 가도록 앞으로 노력할 것이다.

❶ 통번역 봉사, 번역, 블로그 등 다양한 활동을 통해 영어와 중국어 등 어학 실력이 탁월함을 보여주었다.
❷ 독서와 강의 등을 활용한 탐구 과정을 통해 수학 관련 학업 능력을 드러냈다.
❸ 역사 동아리를 통해 진로 관련 활동을 나타냈다.

　　학교에서의 프로젝트는 과목을 융합적으로 탐구할 수 있어 큰 도움이 됐다. 사회 시간에 기회비용에 대해 조별 발표를 준비하며 매몰비용이 떠올라 이를 엮어 발표하기로 했다. 〈금융114〉의 기사를 보고 매몰비용에 대해 조사하고 정리하며 일상에서 매몰비용을 고려하지 않는 무수한 사례와 콩코드 초음속 여객기처럼 국가적 차원의 판단 착오를 보고 비합리적인 인간의 결정에 의문이 들어 《생각에 관한 생각》(대니얼 카너먼)을 읽고 행동경제학에 대해 탐구했다. 〈경인일보〉에서 황사 때문에 구제역에 걸린 돼지의 숫자 분석 기사를 보고 중국 황사가 우리나라 입장에서는 매몰비용, 기회비용과 관련된 문제임을 깨닫고 황사의 사회적 기회비용 및 매몰비용이 얼마가 나올지 축산유통종합정보센터의 홈페이지를 참고하여 계산했다. 그 결과 천문학적 숫자의 기회비용, 매몰비용이 될 수 있음을 깨닫고 황사를 중국의 문제로만 보는 것은 행동경제적인 비합리적 행동임을 주장하며 황사 문제의 심각성을 학급신문에 기고하고 친구들에게 알렸다.

　　수학 시간에 피타고라스의 정리를 증명하는 법 세 가지를 배웠는데 수백 가지 다른 증명법이 있다는 선생님 말씀에 책 《피타고라스가 들려주는 피타고라스의 정리 이야기》를 읽었다. 그중에서 레오나르도 다빈치의 증명 방법이 유클리드의 증명 방법에서 직각삼각형 2개를 더 그려넣을 뿐인데 전혀 다른 증명이 된다는 것을 보고 모방이 새로운 길을 제시할 수 있음을 깨달았다. 또한 책에 '페르마의 마지막 정리'가 언급만 되어 궁금증을 풀기 위해《친절한 도형 교과서》(나숙자)를 봤다. 책에서 세 수가 서로소일 때 피타고라스 수를 알 수 있는 공식을 보고 이를 미술 시간에 집 만들기에 응용했다. 집 기둥과 바닥이 수직이 되도록 세워야 하는데 눈대중으로는 쉽지 않아 피타고라스의 수를 구하는 공식을 이용했다. 가로, 세로, 높이의 길이를 자연수 값으로 구해 집의 기둥을 직각으로 세울 수 있었다. 도서를 통해 쌓은 지식이 씨줄과 날줄처럼 얽히며 결국 나를 단단하게 해줌을 깨달았다.

꾸준히 오케스트라 활동으로 봉사 연주, 정기연주회, 캠프, 앙상블 연주, 향상 음악회를 연다. 그중 가장 마음에 남는 것은 앙상블 연주다. 연주곡을 반나절에 완성해야 하는데 중간에 합주, 파트 연습이 있어서 시간이 부족했다. 같은 조 동생은 박자를 자꾸 틀렸고, 박자를 쳐주다 보니 다리에 멍이 들었다. 하지만 동생은 지금 아니면 배울 기회가 없어서 멍든 곳을 계속 칠 수밖에 없었다. 동생은 연주를 완벽히 해냈고 양보를 통해 더 좋은 결과를 만드는 힘을 깨달았다.

《아나운서 길라잡이》(SBS아나운서팀)라는 책을 읽고 아나운서로 꿈을 정했다. 국내외 소식에 정통하고 국민들에게 제대로 전달하기 위해서, 아나운서는 주변국 언어에 능통해야 하므로 고교 시절에 영어 외에 제2외국어, 그중 일본어를 완벽히 내 것으로 만들 것이다. 그래서 IBL 프로그램을 갖춘 안양외고에 입학해 안양외고의 자랑인

AFB에서 아나운서 활동을 하며 경험을 쌓고 졸업 후 KBS 아나운서로서 국민들에게 소식을 정확히 전달할 것이다.

❶ 교내 프로젝트 과목 활동으로 과목 간의 융합, 뛰어난 학업 능력을 나타냈다.
❷ 수학적 탐구력을 보여주기 위해 학업 활동을 도서와 연결했다.
❸ 학업 활동이 진로와 반드시 연결되지 않더라도 전인적인 덕목을 갖췄다는 인상을 준다.

06 청심국제고

청심국제고는 교육청 양식을 따르고 있으나, 학교에서 지정한, 항목당 배점이 있으니 유의하자. 즉 빠진 항목이 없도록 작성해야 한다.

① 자기주도학습 과정과 그 과정에서 배우고 느낀 점 : 10점

② 학교 특성과 연계해 지원학교에 관심을 갖게 된 동기 : 10점

③ 본인의 꿈과 끼를 살리기 위한 활동계획과 졸업 후 진로 계획 : 10점

④ 본인의 인성을 나타낼 수 있는 개인적 경험 : 5점

⑤ 인성영역활동을 통해 배우고 느낀점 : 5점

　　사람의 마음을 이해하고 소통하는 것을 좋아하는 제 꿈은 정치가입니다. 먼저 방송언론인이 되어 따뜻한 한국을 만드는 데 힘쓰고 그 다음에는 통합과 통일에 기여하는 정치가가 될 것입니다. 청심 설명회에서 꼬마 미국인이 아닌 세계 문화를 풍요롭게 할 한국인을 키우겠다는 말씀에 가슴이 뛰었고 열린 학교 청심에서 리더십을 키우고 싶습니다. 입학 후, 〈코리아 헤럴드〉를 읽고 매주 토론하며 국제감각과 논리력을 키우고 《논어》 읽기를 심화시켜 한자 동아리를 개설해 사서삼경 읽기에 도전하고 중국어와 일어를 선택해 글로벌 리더로 성장하겠습니다. 서울대에서 정치학과 언론정보학을 전공한 후 방송 피디로 활동하고 김구 선생님이 말씀한 '아름다운 문화의 나라'를 만드는 정치인이 되겠습니다.

　　유학 시절 200여 명 앞에서 영어 스피치를 할 때마다 자신감을 키웠고, 특히 마틴 루터 킹 목사의 연설문을 발표할 때는 시대적 배경 지식을 공부하면서 그의 연설에 깊이 공감하게 되었습니다. 호소력 있는 글쓰기에 매력을 느껴 에세이 작성을 즐기게 되었고 암기력이 장점인 저는 이해도를 바탕으로 몇 시간 만에 긴 연설문을 다 외워 친구들에게 암기왕이라 불렸습니다. 《리더들의 명연설문 베스트30》 (강홍식)을 읽고 들으며 공부했더니 영어는 물론 한국 사회에 필요한 리더십까지 생각해볼 수 있었습니다. 돌아와서도 기숙사 생활에서 시간 관리하던 습관을 유지하여 매일 밤 7~11시를 수학 시간으로 정해 공부를 하고 잘한다는 평가도 받았지만, 반복되는 일상에 조금씩 지쳐갈 때《수학, 인문으로 수를 읽다》라는 책을 읽게 되었습니다. 디도가 카르타고를 세울 때 사용한 등주 문제 즉, 둘레의 길이가 일정할 때 삼각형, 사각형 등 변의 개수가 많을수록 넓이가 넓어져 결국은 원이 될 때 둘러싸인 넓이가 최대가 된다는 이야기를 통해 수학이 단순히 풀이 과정을 반복하는 과목이 아니라 생활 속 문제해결과 직결되는 학문임을 알게 되어 더 깊이 있는 공부를 할 수 있었습니다. 정치가의 꿈을 가지게 되면서 올바른 삶에 대한 동양철학이 궁금하여《논어》를 찾아 읽으면서 어려서부터 공부한 한자도 함께 활용할 수 있었습니다. 처음엔 어려웠지만 공부할수록 공자의 제자가 된 듯한 느낌이 들었고, 〈顔淵篇〉에 "政者 正也 子帥以正 孰敢不正", 즉 '정치란 올바름이고 당신이 솔선하여 바르게 하면 누가 감히 바르지 않겠는가'라는 말씀을 통해 바른 리더십의 중요성을 생각해보게 되었습니다.

노숙자쉼터 '안나의 집'에서 약 500인분의 식사를 준비하면서 서빙과 설거지를 했습니다. 그분들과 소통하는 과정에서 선입견이 사라지며 모두 사랑받아야 할 소중한 인간임을 알았고, 외국의 한 고아원에서 가난하고 문맹인 아이들에게 영어를 가르쳐주며 인류애를 느낄 수 있었습니다. 영어 연극제에서 친구들이 게이 역을 꺼리기에 친구들에 대한 배려와 공동 목표인 연극의 성공을 위해 자진하여 그 역을 맡아 즐겁게 연기하였고 대성공을 거두었습니다. 자신의 희생과 솔선수범이 남들에게는 기쁨으로 바뀔 수 있다는 것을 깨닫게 되었고 조금씩 리더로서의 자질을 키워갈 수 있었습니다.

❶ 영어로 수업하는 국제고인만큼 영어 활용 능력을 나타냈다.
❷ 사례를 통해 수학적 학업 능력을 보여주었다.
❸ 《논어》 읽기를 통해 학생의 철학적 사고 깊이를 드러냈다.

07 동탄국제고

오늘날 신약개발은 지속적으로 성장했지만, 박테리아가 진화하면서 다양한 질병이 생겨나고 약에 대한 내성이 생기면서 또 다른 신약을 원하고 있다. 그래서 순수과학 및 생명공학이 발전한 해외 대학으로의 진학을 희망한다. 동탄국제고의 해외 명문대학 탐방 프로그램에서 코넬대학을 탐방하여 생명과학부 수업을 참관하는 기회를 통해 진학과 꿈을 구체화할 것이다.

이론적으로 배운 내용을 실험하기 위해 방과 후 과학반에 들어갔다. 화석표본 만들기, 돼지 심장 해부하기, 양파 표피세포 관찰하기 등 수업 시간에는 할 수 없었던 다양한 실험을 했다. 특히 심장과 연결된 혈관이 궁금해 직접 만져보고 관찰하였다. 책에서는 볼 수 없었던 느낌이나 굵기를 체험하며 생물학에 가까이 다가갈 수 있었다. 이후 생물학적 배경지식 정리와 심화학습을 위해 관련 분야 독서를 했다. 《판스워스 교수의 생물학 강의》를 읽고 평소 궁금했던 DNA의 복제 과정 및 RNA와 DNA의 차이점을 알게 되었다. 또한 책 속의 다양한 비유와 예시를 통해 생물학을 흥미롭게 알아가며 배경지식을 쌓을 수 있었다. 그리고 추가 학습을 위해 생물 단어 정리노트를 만들어 공부하였다.

신약개발이라는 목표를 이루기 위해 *A Planet of Viruses*를 읽었다. 평소 바이러스는 사람들의 목숨을 앗아가는 불필요한 존재이며 정복해야 한다고 생각해왔다. 하지만 이 책을 읽고 바이러스는 산소를 생성하고 감기와 같은 사소한 질병에 걸리게 해 면역계를 훈련시켜 큰 질병에 맞서 싸울 수 있게 한다는 것을 알게 되었다. 바이러스에 대한 인식의 변화로 바이러스를 정복하기보단 인간과 공생할 수 있게 만드는 생명공학자가 되기를 다짐하였다.

신약개발과 약의 양면성에 대해 알고 싶어 학교 직업인 특강에서 약사의 강의를 들었다. 이를 통해 생명공학자에게 가장 중요한 것은 책임감과 도덕성이라는 것을 깨달았다. 이렇게 책과 실험을 통해 배경지식을 쌓고 몸으로 익히며 꿈에 다가갈 수 있었다.

입학 후 수학, 과학 학습 동아리를 만들어 공부할 것이다. 수학은 멘토멘티 학습법을 이용하고, 과학은 LB배지를 제작해 요구르트와

김치에서 미생물을 배양하여 세균의 증식을 확인하는 실험을 통해 깊이 있는 학습을 하고 싶다. 해외 대학은 계열 구분이 없으므로 인문사회 과정의 수업을 이수하고 수학, 과학을 보충하여 AP 시험을 통해 코넬대에 진학할 것이다. 그곳에서 생명공학을 전공하고 신약 개발에 힘써 많은 사람들을 도와줄 획기적인 약을 개발해 인류의 발전에 기여하고 싶다.

평소 개발도상국의 실정과 그 나라 어린이들이 겪고 있는 어려움에 관심이 많아 기아 체험에 참가하여 아이들이 매일 겪는 아동 노동, 식수 나르기를 직접 체험하며 고통에 공감할 수 있었다. 이를 계기로 교내 프로그램인 '월드비전 한 학급 한 생명 살리기'를 통한 정기후원에 꾸준히 참여하고 있다. 후원하는 아이가 우리의 도움으로 커가는 모습을 보고, 아이가 직접 쓴 고마움이 담긴 편지를 주기적으로 받고 답장을 해주며 나에게는 적은 액수의 돈이 아이의 삶을 지탱할 수 있게 한다는 것에서 사소한 도움의 중요성을 느꼈다.

❶ 이과 진로를 국제고와 연결하기 위해 유학이라는 졸업 후 계획을 설정했다.
❷ 독서와 교내 관련 활동을 통해 진로 관련 학업 능력을 보여주었다.
❸ 진로 관련 원서 읽기를 활용하여 영어 능력을 함께 드러냈다.

영재학교

세종과학예술영재학교 | 대전과학고

01 세종과학예술영재학교

예술영재고의 경우에는 과학, 수학적 능력뿐만 아니라 인문학적 소양 역시 중요하다.

진로 | 광촉매 연구 화학자

1 본교에 지원하게 된 동기와 진학 후의 학습 계획, 그리고 향후 진로 및 장래 희망에 대해 기록하여주십시오. (600자 내외)

저는 전 과목 성적이 매우 뛰어납니다. 확실한 목표의식을 가지고 공부에 매진하다 보니 주요 과목 전교 1등이 되어 교과 우수상을 꾸준히 받았습니다. 특히 과학적 호기심과 창의적 재능이 탁월하다는 평가를 받아왔습니다. 과학토론대회나 학생탐구대회에 활발히 참가하여 연구 성과를 보였고, 환경탐구 동아리 활동과 과학영재수업을 받으며 열정을 키워왔습니다. 수업에 참여하면서 화학과 환경의 융합에 흥미를 느꼈고, 화학자가 되고 싶다고 생각했습니다. 화학자의 꿈을 갖게 된 계기는 영재원에서 한 체르노빌 원자력 사건에 대한 토론이었습니다. 방사능이 자연에 끼치는 영향을 접하면서, 오염물질 분해 방법을 연구하고 친환경 연료를 개발하는 일을 해야겠다고 생각했습니다. 환경오염 물질 분해자인 광촉매 연구를 하는 화학자로 성장하기 위하여 최고의 학교인 세종과학예술영재학교에 지원하게 되었습니다. 화학자가 되기 위하여 경시수학을 공부하면서 여러 고급 이론들을 학습했고, 중학생 화학경시대회를 준비하면서 심화 공부를 하고 있습니다. 유학을 염두에 두어 영어 도서를 120권 이상 읽으며 단어와 독해, 청해가 원어민 수준으로 성장했고 국제 영어논술대회에서 대학교 특기자 수준이라는 평가도 받았습니다.

2 수학, 과학 분야에서 탁월한 재능이 있다고 생각하게 된 학습 경험 또는 탐구 경험 등에 대해 구체적으로 기술하시오. (800자 이내)

카이스트에서 열린 '소외된 이웃을 위한 창의적 아이디어 창출대회'에 참가했습니다. 저희 정보영재 팀의 주제는 '인도 빈곤 지역의 효율적인 관리를 위한 GIS 활용 방안'이었습니다. 지리학과 IT 기술이 융합된 GIS 시스템을 이용한 창의성과 문제 해결력에서 우수한 평가를 받았습니다. GIS로 빈곤 지역의 부족한 시설과 물자를 한눈에 볼 수 있어서 자원봉사자들이 그에 따라 맞춤 지원하도록 하는 실시간 알림서비스 시스템을 고안하였습니다. 인도대사관과 박물관을 방문하여 빈곤 지역을 조사하고, 세종대학교 지리정보학과에 문의

하여 GIS 사용법을 익혔습니다. 소외된 이들이 행복하게 사는 세상을 위해 고민하는 시간도 커다란 선물이었습니다. 학생탐구발표대회에서 '독성이 있는 식물과 허브식물을 이용한 개미와 초파리의 구제방안'을 연구했습니다. 곤충 접근을 막는 효과가 뛰어난 식물에 대한 독창적인 탐구로 수상을 했습니다. 음식물 쓰레기 주변에 독성식물로 만든 포푸리를 놓아두면 초파리의 접근을 막을 수 있었습니다. 이것은 유해한 살충제 사용을 줄이는 친환경적인 성과였습니다. '자동차의 폐열을 이용한 제설 방법'이라는 주제로 과학탐구토론대회에 참가했습니다. 폐열 활용 실험 구상과 장소에 대한 의견이 분분했는데, 제가 자동차 정비소에서 얼음 용융 실험을 하자는 의견을 내서 의사결정을 이뤄냈습니다. 이 탐구들은 친환경 연료와 오염물질을 줄이는 방법을 개발하는 화학자의 꿈을 구체화하는 계기가 되었습니다. 이러한 산출물 경험을 바탕으로 학문의 융합을 배우는 세종과학예술영재학교에 꼭 합격하고 싶고, 사회 발전에 기여하는 인재가 되고 싶습니다.

3 창의성, 융합적 사고력, 문제해결 능력, 예술적 표현 능력 등을 발휘한 경험과 노력들에 대해 구체적인 사례를 들어 기록하여주십시오. (800자 내외)

과학적 지식과 역사, 예술이 결합된 탐구를 거치면서 학문 간의 융합이 가져오는 창조적인 효과를 경험하였습니다. 역사 동아리에서 역사책을 읽으면서 전통에서 끌어낼 과학 원리들이 무궁무진하다는 것을 느꼈습니다. 과학영재원에서 진행한 한옥의 내진설계 연구도 그런 관점에서 출발한 것이었습니다. 역사 동아리 활동을 통해 전통을 아는 것에 그치지 않고 과학적 원리를 찾아내며 사고가 확장되었습니다. 산출물 대회에서 '옛 전통 가옥과 건축물의 설계 구조를 이용한 효과적인 내진설계방법'을 탐구했습니다. 한옥의 강한 지진력을 적용한 모형을 만들어 실험했습니다. 관련 논문을 찾고, 지진방재센터 교수님의 조언을 참고하여 노력한 결과 최우수로 선정되었습니다. 지난해에는 '음악이 식물에 미치는 영향'으로 학생탐구대회에 참여했습니다. 실험 결과 노래의 종류에 따라서 식물에 끼치는 영향이 다르다는 것을 알게 되었습니다. 이러한 효과를 이용해 식물이 더 잘 자랄 수 있도록 상품을 개발하면 식물 성장에 도움이 될 것이라 생각했습니다. 음악과 과학의 통섭에도 흥미를 느꼈습니다. 학생회 도서부 차장으로서 소나모 독서토론을 주도하며 좋은 책들을 많이 접했는데 데이비드 보더니스의 《$E=mc^2$》이 인상 깊었습니다. 아인슈타인의 유명한 공식 $E=mc^2$을 시대 상황과 연계하여 더욱 흥미롭고 새로웠습니다. 2차 세계대전 때의 사건들과 공식의 관련성을 밝히며 여러 과학자들의 삶을 중심으로 역사를 서술해나감으로써 역사와 과학을 융합하였습니다. 과학기술의 발전으로 역사의 흐름이 어떻게 달라지는지 보며 단편적인 사고에서 벗어나 다양한 시각을 갖게 되었습니다.

4 지원자가 가지고 있는 글로벌 리더로서의 자질이나 나눔과 봉사 활동 경험을 구체적인 사례를 들어 기록하여주십시오. (600자 내외)

2013년 국제 문화캠프 봉사활동에 참가하여 각국 청소년과 함께 영어 지원교육 봉사를 했습니다. 국제 청소년 NGO Network 동아리에서 영어독서지도사 자격증을 취득한 후에 영어 교육기관이 없는 폐광 지역 학생들에게 재능기부를 하였습니다. 영어책을 직접 녹음한 것과 책을 모아 전달했고, 재미있고 효율적인 영어영화 학습법을 조사해서 알려주었습니다. 이 활동을 하면서 영월 큰나무 공부방 지역아동센터의 초등학생들이 즐겁게 수업에 참여하여 기뻤습니다. '세계 어린이 노동 레드카드 캠페인' 활동에도 참여하였습니다. 이 봉사를 통해 노동력을 착취당하고 학교에 다니지 못하는 해외 빈곤 어린이들이 너무나 많다는 것을 알았고, 학교를 세우기 위한 기금 마련 행사에 참여했습니다. 무심했던 행인들에게 어린이 노동자의 어려움을 적극적으로 홍보했더니 나눔에 동참하는 분들이 많이 늘어나서 보람 있었습니다. 저는 교내활동이 매우 활발한 편입니다. 환경 탐구 반에서 청계천 환경 정화활동을 하면서 오염물질을 빠르게 분해하는 방법을 고민하게 되었습니다. 선도부로서 학생 복장 지도를 하고, 논술과 스피치 동아리에서 다양한 주제로 토론을 하며 글로벌 리더에게 필요한 자질을 키웠습니다.

02 대전과학고

자사고, 특목고와 달리 대회 실적이나 영재학급 수료 등을 언급할 수 있다. 그러나 결과만 나열해서는 안 되며 그 과정이 충실하게 드러나야 한다.

진로   뇌과학자

1 대전과학고에 지원한 동기와 입학 후 성취하고자 하는 바를 구체적으로 기술하시오.

저는 평소에 수학과 과학을 좋아하고 뇌에 관심이 많습니다. 수학과 과학에 자신감을 갖게 된 것은 중학교 1학년 여름방학 때였습니다. 미국 토마스 과학고 준비 캠프에서 2주 동안 수업을 들었는데 제가 수학문제를 25문제 푸는 동안에 미국인 짝은 5문제밖에 못 풀었고 미국인 반 친구들이 저를 보고 놀랐습니다. 캠프 수업 후 수학에 자신감이 생겼고 신문이나 잡지에 실린 수학, 과학 관련 기사들이 점점 재미있게 느껴졌습니다. 그래서 수학, 과학을 더 깊이 배울 수 있고 맘껏 연구와 실험을 할 수 있는 대전과학고등학교에 입학하기로 결심했습니다.

뇌과학자라는 꿈을 갖게 된 것은 〈아이로봇〉이라는 인공지능을 다룬 영화를 보면서입니다. 뇌는 알수록 신기한데 아직도 밝혀지지 않은 부분이 많다고 해서 뇌에 대해 더욱 궁금해졌습니다. 특히 우리가 단순히 생각할 수 있는 인식, 행동, 기억 말고도 감정 등의 정신적인 부분은 어떻게 되어 있는지 궁금했습니다. 만약 정신적인 부분에 대해 완벽히 알 수 있다면 감정 통제도 더욱 쉬워질 것입니다. 그것을 바탕으로 실제 뇌와 가장 가까운 인공뇌를 만들고 싶습니다. 인공뇌를 만들면 뇌 관련 질병을 치료할 수 있을 것입니다. 저의 목표를 이루기 위해서는 뇌과학 외에도 기계공학, 컴퓨터 프로그래밍, 생체공학 등 여러 분야에 대해서 자세히 공부해야 한다고 생각합니다. 그래서 계속 관련 자료를 찾아보고 과학 잡지를 구독하면서 지식을 쌓고 있습니다. 대전과학고등학교에서 뇌과학자가 되기 위한 기초 지식을 쌓은 후, 대학에서 생명과학을 전공하여 최고의 뇌 과학자가 되고 싶습니다.

2 수학·과학 분야에서 탁월한 재능이 있다고 생각하게 된 학습 경험 또는 탐구 경험 등에 대하여 구체적으로 기술하시오.

수학과 과학 분야에서 관심 있는 분야를 탐구하여 원하는 결과를 얻었을 때 큰 보람과 희열을 느꼈습니다.

첫째, 친구들과 함께 명화의 원근법에 대하여 탐구했습니다. 고대 이집트의 벽화 같은 옛날 그림들은 입체감이 없었습니다. 하지만 르네상스 때부터 원근법이 발달하기 시작해 입체감 있는 그림들이 나오기 시작했습니다. 보는 위치와 살리고 싶은 느낌에 따라서 1점 소실점, 2점 소실점, 최대 3점 소실점까지 표현할 수 있다는 것이 놀라웠습니다. 공간에서 같은 간격으로 떨어진 같은 길이의 선분은 그림이나 사진에서 그 길이가 조화수열을 이룬다는 것을 삼각형의 닮음으로 증명해보았습니다.

둘째, 2학년 때 여러 가지 준정다면체에 대해 탐구한 적이 있습니다. 학교에서 배운 정다면체 다섯 가지 이외에도 더 많은 다면체에 대해 알아보았습니다. 고민을 하던 도중 팔각기둥 모양의 빼빼로 과자 통을 보고 꼭짓점마다 같은 개수와 모양의 정다각형들이 있으니 준정다면체가 될 수 있다고 생각했습니다. 그래서 직접 만들어보았더니 모든 밑면이 정다각형인 각기둥들은 준정다면체가 된다는 사실을 알아냈습니다. 그 후 꼭짓점에 모이는 정다각형들의 모양을 조합해서 이론적으로 가능해 보이는 것들을 모으고 직접 만들어보았습니다. 그랬더니 십이이십면체, 부풀린 육팔면체와 부풀린 십이이십면체, 다듬은 정육면체와 다듬은 정이십면체 등이 나왔고 옆면을 정삼각형으로 하는 엇각기둥들도 만들면서 준정다면체가 된다는 것을 알게 되었습니다. 직접 생각해서 만들어보니 더 보람 있었습니다.

셋째, 샤워를 하면서 어려웠던 사영정리에 대해 생각하던 중 갑자기 아이디어가 떠올랐습니다. 그중 직각삼각형에서 빗변이 아닌 한 변의 길이의 제곱이 빗변의 길이에 관한 식으로 나오는 부분을 생각하고 있는데 한 변의 길이의 제곱을 생각하니 갑자기 피타고라스의 정리가 생각나서 사영정리와 피타고라스의 정리는 어떤 연관성이 있지 않을까 생각했습니다. 그래서 빗변이 아닌 두 변에 대해 사영정리의 식으로 정리하여 두 식을 더했더니 피타고라스의 정리가 나왔습니다. 스스로 생각하여 새로운 발견을 해냈다는 것에서 성취감을 느꼈고 기뻤습니다.

넷째, 저는 신경계, 그중에서도 뇌과학에 관심이 많습니다. 로봇의 단순한 동작도 복잡한 프로그램을 통해 이루어지는 것을 배우면서 뇌가 수많은 정보를 처리하는 것이 신기했습니다. 뇌의 뉴런 하나의 기능은 간단하지만 수만 개의 뉴런과 연결되어 있고 그것들끼리 프랙탈 구조로 이루어져 있어 뇌는 엄청난 성능을 갖는다는 것을 알았습니다. 이런 신호를 주고받는 횟수가 더 많아져서 뇌에서 에너지 소모가 많다고 생각했지만 이 과정은 에너지 소모가 아주 적어서 다 합해봤자 전구 하나 사용하는 에너지도 들지 않는다고 해서 매우 신기했습니다. 이렇게 복잡한 뇌와 똑같이 작동할 수 있는 인공뇌를 만든다는 것에 흥미를 가지게 되었습니다. 기억, 학습, 인식 등 뇌의 여러 가지 기능 중 한 가지 또는 몇 가지만 골라서 작동할 수 있게 하는 인공뇌가 가능하다고 생각했습니다. 실제로 미국 피츠버그대 연구팀이 쥐의 뇌세포를 배양해 12초 동안 기억하는 인공뇌를 만들었다는 〈과학동아〉 기사를 봤을 때, 더 확장된 기능을 가진 인공뇌의 실현 가능성을 확신했습니다.

3 1, 2번에서 기술한 항목 이외에 지원자를 소개할 수 있는 내용이 있다면 구체적으로 기술하시오.

중학교 1학년 때 방송부에 들어갔는데 학교 행사 도중에 문제가 생기면 안 되기 때문에 선배들은 저희를 엄격하게 교육했습니다. 1학년 때 실수하면 기합을 받았는데, 제가 2학년이 되었을 때는 대화로 후배들을 교육하기로 결심했습니다. 그래서 1학년 후배들을 열심히 가르치고 실수했을 때도 이해해주고 다음부터는 실수하지 말라고 당부했습니다. 그런데 방송부 2학년 친구들이 순해서인지 후배 중 두 명이 모임 시간마다 늦게 오고 맡은 일도 귀찮아하는 것 같아 보였습니다. 저마저 이 후배들을 내버려둔다면 방송부가 제대로 돌아가지 않고 또 이 두 명을 퇴출해야 할지도 모르는데 그런 일은 생기지 않기를 바랐습니다. 그래서 저는 두 후배에게 방송 일은 시간을 잘 지켜야 한다는 것을 알려주고 실수할 때마다 처음부터 다시 알려주기를 반복했습니다. 다행스럽게도 결국 두 후배는 열심히 방송부 활동을 하게 되었고 아무도 모임 시간에 늦지 않게 되었습니다. 저도 후배에게 좋은 본보기가 되기 위해 더욱 책임감 있게 열심히 일했습니다.

학부모 총회 때 영상을 재생하는데 도중에 갑자기 소리가 안 나오고 화면이 꺼지는 사고가 발생했습니다. 모두들 처음 겪는 일이라 당황했지만 저는 침착하게 TV와 스크린을 다시 작동시켜 보고 방송실에 연락하여 처음부터 연결하라고 했습니다. 다행히 3분 만에 다시 영상이 재생되었고 무사히 행사를 진행할 수 있었습니다. 3학년 선배들은 제가 책임감 있게 맡은 일을 하는 것과 후배들을 이끌어가는 모습을 보고 방송부장으로 임명했습니다. 노력을 인정받아 뿌듯했고 저를 믿고 따라준 두 후배에게도 정말 고마웠습니다.